学/者/文/库/系/列

港口作业联合调度智能优化方法

杨中仪　李明伟　徐瑞喆　李向阳　著

哈尔滨工程大学出版社
Harbin Engineering University Press

内 容 简 介

本书践行交通强国战略，聚焦集装箱码头运行智能化管理水平的提升对精细化调度方法的迫切需求，从集装箱码头作业实际情况出发，梳理了集装箱码头作业联合调度的影响要素及规律，建立了集装箱码头作业联合调度的优化模型，提出了混沌量子自适应缎蓝园丁鸟优化算法，构建了一种新的港口作业联合调度智能优化方法，开发了集装箱码头作业联合调度的优化决策系统，制定了优化决策系统的应用保障机制。本书综合考虑了潮汐变化、船舶到港时间偏差和集卡运输效率的耦合影响，实现了在不同时期、不同需求下码头作业调度方案的港口利益、船东利益和环境保护的综合最优，发展了集装箱码头作业联合调度的基础理论，为集装箱码头智能化管理提供了核心方法支持。

本书可供港口调度、港口智能化管理等方面的研究人员阅读，也可供大专院校水利工程、经济管理、数学、计算机等专业教师、学生参考。

图书在版编目(CIP)数据

港口作业联合调度智能优化方法 / 杨中仪等著.
哈尔滨 : 哈尔滨工程大学出版社, 2025. 1. -- ISBN
978-7-5661-4627-4

Ⅰ. U691

中国国家版本馆 CIP 数据核字第 2025KG8955 号

港口作业联合调度智能优化方法
GANGKOU ZUOYE LIANHE DIAODU ZHINENG YOUHUA FANGFA

选题策划 刘凯元
责任编辑 章 蕾
封面设计 李海波

出版发行 哈尔滨工程大学出版社
社　　址 哈尔滨市南岗区南通大街 145 号
邮政编码 150001
电　　话 0451-82519989
经　　销 新华书店
印　　刷 哈尔滨午阳印刷有限公司
开　　本 787 mm×1 092 mm 1/16
印　　张 10.75
字　　数 203 千字
版　　次 2025 年 1 月第 1 版
印　　次 2025 年 1 月第 1 次印刷
书　　号 ISBN 978-7-5661-4627-4
定　　价 58.00 元

http://www.hrbeupress.com
E-mail:heupress@hrbeu.edu.cn

前　　言

集装箱码头是装卸和短期存储转运集装箱的重要枢纽，对全球经济贸易发展起着关键性的支撑作用。泊位、拖轮、岸桥、集卡等是集装箱码头的稀缺资源，其科学合理的分配与调度对于提高码头的生产效益和服务水平具有重要的现实意义。集装箱码头智能化水平的迅猛提升对港口运行进行高保真模拟的精细化调度方法提出了更高要求。特别是随着港口间竞争的加剧，港口、船舶和社会等多方利益在各种复杂情况下的自洽型权衡需求也日益增长。为此，本书从集装箱码头运行过程中潮汐变化、船舶到港时间偏差与集卡运输效率三个维度出发，为读者提供一种港口作业联合调度智能优化方法。

全书共 7 章。第 1 章为绪论，主要讲述了本书的研究背景、目的、意义、国内外研究现状及存在的问题；第 2 章为基本概念与基础理论，主要从集装箱码头基本概念出发，厘清了集装箱码头作业、集装箱码头作业联合调度等基本概念，分析了集装箱码头作业联合调度的相关理论；第 3 章为集装箱码头作业联合调度及其影响因素，着重分析了集装箱码头作业联合调度的对象，梳理了集装箱码头作业联合调度的影响因素，明晰了集装箱码头作业联合调度模型的优化目标，确定了集装箱码头作业联合调度的约束条件；第 4 章为集装箱码头作业联合调度优化模型，主要制定了时间窗规则，计入船舶到港时间偏差和集卡运输效率耦合影响，建立了集装箱码头作业联合调度的优化目标函数，构建了集装箱码头作业联合调度的优化模型；第 5 章为集装箱码头作业联合调度优化模型求解方法，提出了混沌量子自适应缎蓝园丁鸟优化算法，制定了面向集装箱码头作业调度方案的编码规则，设计了符合码头调度约束条件的可行-整数化算法，构建了集装箱码头作业联合调度优化模型求解方法；第 6 章为集装箱码头作业联合调度优化实例研究，测试了提出新模型和新求解算法的可行性与优越性；第 7 章为集装箱码头作业联合调度优化决策系统及保障机制，研发了基于新方法的集装箱码头作业联合调度优化决策系统，制定了集装箱码头作业联合调度优化决策系统的应用保障机制。

本书由杨中仪、李明伟、徐瑞喆、李向阳著。浙江水利水电学院的杨中仪主要负责撰写第1章、第4章、第5章、第7章的内容，哈尔滨工程大学的李明伟主要负责撰写第2章的内容，哈尔滨工程大学的徐瑞喆主要负责撰写第6章的内容，哈尔滨工程大学的李向阳主要负责撰写第3章的内容。杨中仪负责本书的整体框架，以及主持撰写和统稿工作。哈尔滨工程大学的王宇田、任伯浩、张启昭、王梓鹤、马海涛、郑玉珍、李庆勇、李秋洁、颜世嘉、刘泽宁等研究生协助完成本书的整理与完善，在此表示感谢。

本书的研究成果得到了黑龙江省自然科学基金重点项目（ZD2022E002）、海南省重点研发计划项目（ZDYF2023GXJS017）、国家自然科学基金项目（52371315）、黑龙江省重点研发计划项目（GA23A905）的资助，在此一并表示感谢。

由于著者水平有限，书中错误之处在所难免，恳求各位专家、同行不吝赐教，也请广大读者提出宝贵意见。

著　者

2024年10月

目　　录

第1章　绪　　论

1.1　概　　述

当前,全球正处于新一轮的科技革命与产业变革之中,这为全球经济注入了新的发展动力。在此背景下,结合国际产业趋势和需求,我们将管理学知识与工科知识深度融合,通过跨学科的研究与应用,发掘管理科学与交通运输工程之间的新交融点,通过管理与技术的双重提升,助力现代化港口的建设。

集装箱码头作为水陆交通枢纽,主要承担集装箱的装卸和短期存储任务。随着我国国际贸易的不断扩展,港口规模日益壮大。“十三五”期间,我国沿海港口已拥有2 530个万吨级及以上泊位,在全球集装箱吞吐量前10的港口中,我国独占7席,其中上海港、舟山港、深圳港的集装箱吞吐量连续多年领先全球。2023年1—5月,全国港口的总吞吐量已达67.5亿t,同比增长了7.9%;集装箱港口的吞吐量达到1.22亿标准箱,同比增长了4.8%。交通运输部在《数字交通“十四五”发展规划》中强调:“推进新型自动化集装箱码头建设和大宗干散货码头无人化系统建设,加快港站智能调度、设备远程操控等综合应用。”同时,交通运输部联合自然资源部、海关总署等部门印发的《关于建设世界一流港口的指导意见》中也明确了“到2025年,世界一流港口建设取得重要进展”的发展目标。这些政策对码头作业管理提出了新的挑战。

集装箱码头的作业调度涉及多个关键环节,包括靠泊次序的确定(确定哪艘船靠泊)、拖轮的分配(为船舶分配拖轮,辅助船舶进行靠泊)、泊位的安排(确定船舶停靠的位置)、岸桥的调度(完成集装箱的垂直装卸作业)及集卡的配置(完成集装箱在陆域的水平运输)等。这些环节的顺畅衔接对提升码头整体作业效率至关重要。合理的集装箱码头作业调度要求在限定的时间内高效利用泊位、拖轮、岸桥和集卡等资源,以执行到港船舶的调度计划。优质的集装箱码头调度方案必须满足码头的实际约束条件,如时间期限、作业顺序、资源类型与数量的限制等。核心问题是如何实现集装箱码头的最优化调度,用最短的时间和最少的资源完成所有作业。集装箱码头是一个复杂的多级系统,包含码头岸线、水平运输和后方堆场等多个子系统,涉及泊位、拖轮、岸桥与集卡等计划的制订及协同作业。因此,为有效提升整个集装箱码头的作业效率,必须从系统管理的角度出发,综合考虑码头作业系统内每个环节和每道作业,并进行联合调度。

现有的调度方法虽然能够为集装箱港口提供切实可行的解决方案,但随着码头规模的不断扩大,集装箱码头作业压力也随之增大,对集装箱码头作业调度的要求也在逐步提高。传统的调度方法已经难以适应港口吞吐量日益增长所带来的集装箱码头智能化管理需求,尤其是需要综合考虑港口利益、船东利益和环境保护等各方面情况,这使得生成调度方案更加困难。采用单一的集装箱码头作业调度方案在优化某一指标时,可能会导致其他指标迅速上升,超过预期指标。例如,为了缩短船舶在港时间,提高码头泊位利用率,码头装卸效率必然需要提高,但这一过程也会导致能源和资源消耗的增加。因此,如何同时兼顾多方面因素的耦合影响,仍需进一步开展相关研究工作。

在制订集装箱码头作业联合调度方案的过程中,决策者需要全面考虑多方因素。为减轻码头运输量过大带来的压力,集装箱码头运输系统之间需要更密切的合作。调度优化的关键在于合理组织各环节有序地进行生产作业,协调好码头工作人员和装卸机械,并确保及时、准确地掌握码头生产过程中每个时刻的集装箱流向、船舶动态、作业进度、机械设备状态及库场使用等码头关键信息,制订高效的联合调度作业计划,从而降低各系统之间的相互干扰和资源损失。拖轮在集装箱码头水域作业,泊位和岸桥均属于集装箱码头的重要岸线资源,集卡在集装箱码头陆域开展水平装卸作业,这四者紧密相连,决策者在调度过程中需综合考虑整个作业过程,才能制订切实可行的集装箱码头作业调度方案。同时,潮汐变化与船舶到港时间的偏差会影响泊位和拖轮调度计划的制订,集卡的水平运输效率也会对岸桥与集卡调度造成干扰。因此,建立一种综合考虑多因素的集装箱码头作业联合调度优化方法,是解决上述问题的有效途径。

1.1.1 理论意义

1. 发展了集装箱码头作业联合调度基础理论

现有的集装箱码头作业调度管理方法对码头的高效运行起到了重要的支

撑作用,而集装箱码头运行智能化水平的不断提升,对建立计入全要素模拟港口运行内在机制的精细化调度模型提出了更高要求,需要考虑的因素也越来越多,特别是潮汐交替与船舶到港时间偏差会对大型集装箱船进出港顺序和时间产生影响;集卡运输效率会对集装箱码头陆域调度计划的实施造成干扰。目前针对潮汐变化、船舶到港时间偏差,以及集卡运输效率影响的研究十分有限。同时,考虑到船东利益、码头经济成本与低碳绿色环保等理念,泊位、拖轮、岸桥和集卡的联合调度管理尚需深入探究。为此,本书将剖析集装箱码头作业联合调度的各个影响因素,探明各要素之间的相互作用机理,并建立计入潮汐变化、船舶到港时间偏差与集卡运输效率耦合影响的集装箱码头作业联合调度优化模型(简称“TAH-BUQCT 模型”,其中,“T”代表潮汐,“A”代表船舶到港时间偏差,“H”代表集卡运输效率,“B”代表泊位,“U”代表拖轮,“QC”代表岸桥,“T”代表集卡),进一步发展集装箱码头作业联合调度的基础理论。

2. 丰富了多目标规划问题求解的理论方法

多目标规划问题的求解一直是学术界研究的热点问题。本书为更好地求解所建立的 TAH-BUQCT 模型,以获得更优质的集装箱码头作业联合调度方案,考虑缎蓝园丁鸟优化(satin bowerbird optimizer,SBO)算法在求解类似问题上的良好表现,同时权衡 SBO 算法的固有缺陷,利用混沌映射、量子计算、非线性算子改进 SBO 算法,设计混沌量子自适应 SBO(chaos quantum adaptive SBO,CQASBO)算法,提出基于 CQASBO 算法的 TAH-BUQCT 模型求解方法,破解 TAH-BUQCT 模型求解难题,同时可为类似强非线性与非连续性问题求解提供新思路。

3. 丰富了管理学与工科交叉学科的理论体系

本书融合了管理学与工程、交通运输工程、计算机科学和技术等多个学科的基础理论,并将这些理论交叉应用于集装箱码头作业联合调度的优化研究中;基于实际的作业流程,系统梳理了影响集装箱码头作业调度的因素和规律,建立了 TAH-BUQCT 模型;为了解决该模型的求解难题,提出了 CQASBO 算法,构建了一种 TAH-BUQCT_CQASBO 方法。该方法不仅为集装箱码头作业联合调度智能管理提供了新方法,也丰富了管理学与工科交叉学科的理论体系。

1.1.2 现实意义

1. 提升了集装箱码头的可持续发展能力

随着经济的持续发展,人们对集装箱码头的要求也日益提高。在作业调度中,人们的关注点已从单纯的经济扩展到考虑船东利益、减少污染和提升安全方面。本书以最小化船舶在港时间、拖轮燃油成本、岸桥和集卡碳排放量为优化目标,提出了 TAH-BUQCT 模型,提高了港口利益和船东利益,降低了码头碳排放,为码头的高效、低成本、绿色低碳发展提供了方法支持。

2. 推进了集装箱码头管理的信息化、数字化与智慧化进程

智慧港口已成为全球港口的建设目标。中共中央、国务院印发的《交通强国建设纲要》强调了应"推动大数据、互联网、人工智能、区块链、超级计算等新技术与交通行业深度融合"。基于信息物理系统框架,智慧港口通过技术创新,促进了物流供需双方与集疏运系统的融合,显著提升了港口及物流园区的资源配置效率与信息管理能力。本书提出的集装箱码头作业联合调度优化决策系统,强化了作业联合调度的优化方法的落地应用,为码头的信息化、数字化与智慧化管理提供了必要的工具支持。

1.2 研究现状

1.2.1 国外研究现状

1. 集装箱码头作业调度优化模型构建研究

国外已有诸多学者针对集装箱码头作业调度规划问题开展了研究,主要包括泊位调度、岸桥调度、拖轮调度、集卡调度等。

(1)泊位调度与岸桥调度

泊位调度与岸桥调度的研究相对较多,主要包括泊位调度、岸桥调度及二者的联合调度。

Kim 和 Park(2004)建立了一种岸桥调度规划模型,基于贪婪随机自适应搜索算法与分支定界法求解。

Tavakkoli-Moghaddam 等(2009)面向集装箱码头到港船舶与岸桥调度分配瓶颈,建立了一种船舶到港与岸桥联合分配调度模型,针对求解难题,基于遗传算法(genetic algorithm,GA)建立了一种求解方法。

Raa 等(2011)建立了考虑多要素的岸桥调度分配模型,并选取了混合启发

式算法给予求解。

Al-Refaie 等(2021)为了能够最大限度地减少码头的装卸时间、提高集装箱港口每个岸桥处理的集装箱数量、提升处理完成时间的满意度,建立了综合考虑三者的联合调度规划模型;还建立了考虑船舶定期到港的泊位分配问题,为了降低船舶在集装箱码头的流动时间与迟到惩罚成本,提高船舶经营者对首选离港时间的满意度与分配的到港船舶数量,建立了最小化船舶的等待时间,最大限度地提高了所服务船舶的满意度的两种泊位调度模型。

Cheimanoff 等(2022)针对海港集装箱码头泊位与装卸机械分配问题,构建了一种计入港船舶时间不确定性的规划模型,并针对求解问题提出了一种混合整数线性规划(mixed integer linear programming, MILP)和可变邻域搜索(variable neighborhood search, VNS)方法。实验表明,该方法针对大型集装箱港口可提供一个较为优质的解决方案。

Tengecha 和 Zhang(2022)针对靠泊作业、岸桥分配和调度问题,提出了一种新的可行模型,用于基于调度问题(包括工人绩效和堆场卡车部署约束)研究的泊位和码头起重机分配。

Nourmohammadzadeh 和 Voß(2022)针对集装箱运输需求的不断增加,导致全球海运集装箱码头拥堵的问题,综合多目标数学模型考虑了泊位和岸桥调度这两个相互关联的问题,设计了具有最大限度地减少与目标停泊地点和时间的偏差,以及所有船舶的离港延误 3 个目标的港口调度模型。

Lalita 和 Murthy(2022)提出了紧凑的整数线性规划(integer linear programming, ILP)公式,构建了一种泊位和岸桥的一体化分配与调度求解方法。

Cereser 等(2022)针对泊位与岸桥分配问题,提出了一个 MILP 公式,能够分配和调度进港船舶到停泊位置,并分配用于处理船舶的岸桥,旨在最大限度地减少等待时间和船舶的处理时间。

Chatterjee 和 Cho(2022)考虑了从集装箱码头到达的每艘船的船期、每艘船的卸载集装箱数量及码头起重机的有限数量,建立了泊位岸桥分配调度模型,提高了集装箱码头的生产效率。

Al Samrout 等(2024)针对靠泊计划优化问题,构建了支线船和母船之间的转运连接规划模型,开发了一种新型的 MILP 方法,以减少船舶在码头的停留时间,以及因船舶延迟而受到的处罚,并决定所需的转运方式。

不难看出,在船舶实际靠泊与离泊过程中,船舶需利用拖轮辅助作业。码头拖轮作业会影响船舶停靠时间,进而对集装箱码头泊位与岸桥的调度产生影响。新时期集装箱码头作业调度趋向于多元素协同优化,需考虑拖轮对泊位岸桥分配调度的影响。

(2)拖轮调度

在拖轮调度方面,Tollo 等(2019)通过将港口船舶调度和拖船分配问题表述为布尔满足性问题,建立了联合调度规划模型。

Minh 等(2021)针对港口船舶复杂停靠的问题,提供了一种优化调度方案,可为船舶停靠、拖轮作业、船舶靠泊提供解决方案。

Abou Kasm 等(2021)建立了计入引航和拖曳约束船舶调度的规划模型,并设计了混合整数规划(mixed integer programming,MIP)公式和基于约束分离技术的精确求解方法进行求解。仿真实例表明,建立的模型与传统的先到先服务规则(first come first served,FCFS)的船舶调度策略相比,具有更好的效果。

Petris 等(2022)针对港口船舶调度和拖船分配问题,引入了两个数学规划模型,并从中推导出 4 种启发式方法,通过意大利中型港口威尼斯港,验证了模型的良好性能。

上述文献可为拖轮优化调度提供一些较为优质的解决方案,但也存在未考虑码头陆域部分对拖轮作业与泊位分配影响的问题。在拖轮调度中,拖轮分配与泊位、岸桥分配相互影响,若单独对拖轮分配调度问题进行研究,也会出现优化调度方案理想化的问题。

(3)集卡调度

诸多学者针对集卡的水平运输过程,开展了相关研究工作。

Kim 等(1999)针对集卡水平运输过程中路径的规划问题,建立了一种新的规划模型,设定了集卡运输路线,基于集束搜索算法,获得了集卡规划路径方案。

Koo 等(2004)针对集卡水平作业的调度问题,以最小化集卡配置数量为优化目标,建立了调度规划模型,基于两阶段启发式禁忌搜索算法建立了一种新的求解方法。经实例表明,该方法能够获得一个较为优质的集卡调度方案。

Nishimura 等(2005)针对集卡路径规划问题,建立了一种新的动态规划模型,并针对其求解难题,采用了启发式算法予以解决。

Nguyen 和 Kim(2009)针对集卡的运输调度问题,以最小化集卡行驶时间为优化目标,建立了一种新的集卡调度规划模型。经实例表明,该方法能够获得一个较为优质的集卡调度方案。

He 等(2012)针对集装箱码头堆场与岸桥间水平运输问题,以最小化集卡运输时间和最小化燃油成本引发的能源消耗为目标函数，建立了规划模型，基于滚动策略及匈牙利算法，建立了一种新的规划模型求解方法。

Cordeau 等(2015)以最小化集卡的运输时间和等待时间为目标函数，构建了一种新的规划模型，基于局部搜索算法进行求解。

Chargui 等(2021)提出了对泊位与岸桥分配调度问题的新扩展，考虑了工人绩效的可变性和堆场集卡部署的限制，建立了调度规划模型，旨在最大限度地减少船舶的离港时间。

Abdelmagid 等(2022)以最小化等待时间成本、滞期费和集装箱交付成本为目标函数，提出了二元规划模型，为码头管理人员和卡车运输公司提供了集卡调度的关键运营决策。

Azab 和 Morita(2022)针对优化货车预约、货车服务订单和堆场集装箱搬迁问题，提出了一种新的调度优化方法，可协调卡车预约与集装箱装卸作业，以避免集装箱搬迁造成的过度延误；还提出了一种集装箱提货预约的调度方法，以避免集装箱堵塞，并开发了一种整数规划(integer programming, IP)模型，以最大限度地减少集装箱转移预约时间。

Fazi 等(2023)以最小化集卡路线为优化目标，建立了数学模型，并开发了一种嵌入在分支和价格框架中精确列与行生成的方法，以用于求解该模型。经仿真实例验证，其效果良好。

Talaat 等(2023)结合 k-means 聚类算法与双目标优化模型，以最小化卡车运输公司取件时间窗口偏差与总周转时间为目标函数，构建了一种在集装箱码头对外部卡车进行优化调度的方法，结果表明，提出的方法将所需的行程总数减少了 31.58%，并为决策者提供了在卡车总周转时间与卡车运输公司取件时间窗口偏差之间权衡的调度方案。

Stoop 等(2023)基于安特卫普港，研究了其对港口拖运的影响，结果表明，与单独规划的情况相比，加入协作系统的承运人具有明显的积极影响，花在交通上的时间平均减少了 13%，这意味着减少了道路拥堵，并有可能增加容量。

集卡调度也会对集装箱码头泊位岸桥调度产生影响。因此在码头陆域装卸作业调度过程中，人们仍需综合考虑集卡对泊位和岸桥分配的影响。

Azab 和 Morita(2022)针对集装箱码头集卡水平垂直运输开展研究，建立了数学规划模型，并开展了仿真研究，结果可为集装箱码头提供优秀的集卡调度方案。

Özder 和 Gümüş(2023)通过考虑港口的码头、岸桥和集卡等设备，以及操作人员是直接影响港口服务效率的因素，建立了直接影响生产力的人员偏好和资格方法，构建了目标编程模型，在一周的工作期内管理港口所需的劳动力，并以平衡的方式分配值班主管。

(4)计入其他因素干扰的集装箱码头作业调度

部分学者考虑了其他因素干扰对集装箱码头的影响，目的是增加所构建模型的泛化性能。

Rodrigues 和 Agra(2021)计入了船舶实际到港时间与预计到港时间存在偏差的影响，建立了一种新的泊位-岸桥联合调度规划模型，通过实验测试，证明了所提算法的有效性；还针对泊位在不确定性条件下的分配问题，确定不确定性来源及不确定性参数表达方式，为不确定性条件下泊位与岸桥的分配提供解决方案。这为集装箱港口不确定性提供了参考，考虑了集装箱港口环境、人为因素等不确定性对经济成本的影响。

Chargui 等(2023)面向节约港口运营成本，开发了考虑能源价格变化的泊位分配、质量控制分配和调度的数学模型，目的是最大限度地降低能源成本和船舶迟到率；还考虑了岸桥调度处理时间和船舶到达时间的不确定性，提出了一个优化最坏情况的稳健公式。

(5)考虑环境因素的集装箱码头作业调度

随着地球气候的不断变化，环境保护问题也日益受到各个国家的重视，集装箱码头的碳排放量问题也成为当下研究的热点。

Kenan 等(2022)针对集装箱港口运营调度问题，综合码头起重机分配调度，并考虑碳监管政策的问题，建立了数学规划模型。该模型能够有效减少船舶停靠时间与碳排放量。

Chargui 等(2023)针对能源不确定性和运营可持续性的问题，提出了一种最大限度地利用可再生能源与最小化运营和能源成本的多目标泊位-岸桥调度优化模型，经仿真实例验证，提出的方法能够提高运营的可持续性。

综上所述，随着集装箱码头作业联合调度要求的逐步提高，需综合考虑的因素逐步增多，基于绿色低碳理念，建立计入潮汐变化、船舶到港时间偏差和集卡运输效率耦合影响的集装箱码头作业联合调度规划模型，对于构建更为贴近集装箱码头实际运行的调度方法具有非常重要的意义。

2. 集装箱码头作业调度优化模型的求解方法研究

(1)集装箱码头作业调度优化模型的求解方法

调度优化模型本身无法进行自主求解，因此提出的集装箱码头优化调度模型能否获得一个较为优质的解决方案，在很大程度上取决于模型求解方法。

在求解此类模型时，Skaf 等（2021）开发了一种启发式算法，解决了岸桥与集卡联合调度问题。

Kenan 等（2022）使用整数规划，求解岸桥调度规划模型，求解结果可为集装箱港口岸桥调度提供良好的解决方案。

Prayogo 等（2022）基于混沌地平线优化算法与先发制人的目标函数编程方法，求解泊位-岸桥联合调度规划模型，经仿真试验验证，求解结果最大限度地降低了集装箱码头的经济总成本。

（2）SBO 算法

集装箱港口优化调度模型求解是获得一个较为优质解决方案的重要因素。针对上述优化模型非线性求解困难问题，Moosavi 和 Bardsiri（2017）考虑到 SBO 算法在类似多目标规划问题中的良好表现，提出可尝试采用 SBO 算法对集装箱港口优化调度问题进行求解。但 SBO 算法存在全局扰动能力弱、局部探索能力差、易陷入局部最优的问题。Sharma 和 Singh（2020）针对 SBO 算法存在的问题，基于混沌理论设计了 5 种新型 SBO 算法混沌变体应用于解决诊断心律失常的特征选择问题。

综上所述，虽然针对不同调度模型的求解已出现了多种求解方法，并得到了满意的精度，但是不同模型的特点不同，相同的求解方法在不同模型上的效果表现不一。针对现有模型特点，建立相应的求解方法已成为确保模型充分发挥作用的有效努力方向。

3. 集装箱码头作业联合调度系统研究

为了更好地应用提出的集装箱码头作业联合调度优化方法，诸多学者聚焦于建立优化决策系统。

Hou（2017）为了符合排放控制区（emission control area，ECA）的规定，优化运营效率，减少大气污染排放，基于集装箱码头操作系统（container terminal operation system，CTOS）的特点，建立了基于多智能体系统的 CTOS 架构，其中包括泊位分配问题、货车调度问题和堆场分配问题。

Chen 等（2018）为了给多站铁路多式联运码头提供准确、全面的定量评估工具，开发了基于定时 Petri 网模型的模拟平台，这可为终端设计管理部门提供决策支持。试验场景表明，列车路线布置和装卸设备配置对终端整体性能都有显著影响。

目前集装箱码头作业联合调度相关基础理论已较为成熟，但如何基于建立的集装箱码头作业联合调度优化方法建立优化决策系统，为集装箱码头管理人员提供集装箱码头作业调度方案，仍需进一步探究。

1.2.2 国内研究现状

1. 集装箱码头作业调度优化模型构建研究

(1)泊位与岸桥调度

陈俊豪和孙士寅早在1988年，就开始对泊位调度问题进行研究讨论。他们介绍了一种实用且有效的泊位调度算法，利用0-1模型和矩阵思想。经过验证，其在理论上可达到预期目标要求，提高了集装箱码头泊位的利用率。

蔡芸和张艳伟(2006)以最小化船舶在港时间为目标函数，建立了一种新的泊位-岸桥联合调度优化模型。

韩骏等(2008)面向集装箱港口泊位和岸桥联合调度的瓶颈，以最小化船舶在港时间为目标，构建了泊位-岸桥联合调度优化模型。

韩笑乐等(2009)通过计入船舶服务优先级别的影响，开展了离散泊位分配问题研究，建立了集装箱码头作业效率及船舶公司服务满意度的优化模型，并采用了启发式算法进行求解。

杨春霞和王诺(2010)建立了一种基于强度帕累托进化算法(strength Pareto evolutionary algorithm, SPEA)的泊位调度优化方法。该方法能够降低船舶在港等待时间、码头的作业成本，提高了集装箱码头的安全质量。

韩晓龙(2010)对集装箱港口作业系统做出了详尽的分析，并对集装箱港口装卸作业研究方向提出了见解。

秦进等(2013)聚焦船舶靠、离泊问题，构建了一种基于双层模拟退火算法的泊位-岸桥联合调度优化方法，该方法能够为同一批次多艘到港船舶提供泊位与岸桥的调度和分配。

秦天保和沙梅(2013)针对大规模码头岸桥调度问题，构建了一种多因素约束优化模型，并建立了一种求解方法。

范志强和乐美龙(2013)建立了一种计入对岸桥装卸时间及空闲状态下等待时间之和进行优化的岸桥调度双目标模型。

李明伟等(2014)针对泊位和岸桥联合分配问题，考虑了偏好泊位、船舶在港时间等因素，引入混沌云粒子群优化(particle swarm optimization, PSO)算法构建了一种新的泊位-岸桥优化方法，经仿真验证，其能够获得一个良好的泊位-

岸桥联合调度方案。

徐亚等(2015)考虑了集装箱码头多环节、多作业面的装卸过程,提出了一种基于混合模拟退火算法多设备协同作业的优化调度方法,并通过港口实例验证了该方法的有效性。

王智灵等(2017)针对集装箱码头的泊位分配与岸桥调度问题,引入了服务质量损失函数,构建了以时间、靠泊方案、岸桥移动损失和延缓时间的联合服务损失函数为目标函数的泊位-岸桥联合分配优化模型。

Li 等(2017)针对集装箱港口泊位-岸桥联合调度问题,通过船舶实际停靠泊位与偏好泊位间的距离,船舶在港时间最少,建立了多目标泊位-岸桥联合分配调度模型,基于构建的混沌云粒子群优化算法求解。仿真实例表明,该方法可为集装箱港口提供船舶到港顺序、停靠泊位,以及分配岸桥数安排的解决方案。

吴迪等(2018)针对集装箱码头装卸作业效率及港口运营成本的问题,基于模拟植物生长交替进化算法,提出以最小化码头作业成本和船舶在港时间为目标函数的泊位-岸桥分配模型。

焦小刚等(2020)针对集装箱码头船舶需借助涨潮水位进出航道的问题,考虑了潮汐变化,构建了以船舶周转时间最短和船舶间移动次数最少为目标函数的泊位-岸桥联合调度模型。

Tang 等(2022)针对集装箱港口连续海岸调度规划问题,制定了离散泊位分配策略,以船舶的总停留时间和延迟损失最少为目标函数,构建了泊位-岸桥调度规划模型。通过计算实例表明,该方法可为集装箱港口提供一个较为优质的泊位-岸桥调度方案。

但随着对集装箱码头作业调度的要求越来越高,计入更多的调度对象(如集卡、拖轮等)的调度方法受到广泛关注,这仍是一个值得深入探究的研究方向。

(2)拖轮调度

在拖轮优化调度方面,李伯棠等(2021)以最小化拖轮作业所产生的燃油成本为目标,提出了一种新的拖轮调度优化模型。

钟铭和张梦迪(2023)考虑了多拖轮基地的影响,在对拖轮线路调度的基础上进行区域调度,采用对拖轮进行跨基地重调度的方法,以总调度成本最小为目标建立了拖轮重调度模型。

钟慧玲等(2023)面向拖轮调度过程中平衡作业油耗量和完工时间,针对提高集装箱码头服务水平和降低拖轮作业经营成本的瓶颈,构建了拖轮多目标优化调度模型。该模型能够降低拖轮作业时间,并减少能源的消耗。

拖轮的调度计划能够影响集装箱码头泊位调度与岸桥调度计划的制订,因此,进一步探索泊位-岸桥-拖轮的联合调度是一个可行的研究方向。

(3)集卡调度

在集卡优化调度方面,诸多学者开展了相关研究工作。

康志敏和吴洪明(2011)通过对比分析,基于 Petri 建模优化了集装箱码头物流调度系统。

丁荣涛(2012)针对集卡水平运输过程中多环节的作业流程,基于其影响因素,探索建立了能够降低作业成本的集卡调度模型。经实例验证,该模型能够有效提高集卡的运输效率。

李广儒等(2012)面向集装箱码头集卡动态调度瓶颈,建立了规划模型,提出了自适应的蚁群算法,通过港口实例可以看出,建立的方法可有效增加集卡利用率、缓解码头拥堵。

曹庆奎与赵斐(2013)基于蚁群算法,建立了一种新的集卡调度规划模型。该模型能够降低作业成本,提高装卸效率。

王铮等(2013)从港口日常运营计划出发,以降低集卡水平运输成本为目标,建立了一种共享式调度集卡优化模型,并针对模型求解问题,应用可变邻域禁忌搜索算法及插入算法完成求解。

赵立明和汤齐(2014)综合考虑了内外集卡运输,获得了其最短运输距离和时间,提高了内外集卡运输的衔接效率,缓解了港区堵塞现象。

卢毅勤等(2015)基于粒子群优化算法,建立了一种新的集卡运输调度优化方法,该方法能够计入集卡运输空载与重载速度的不确定影响,保障了作业时间最短;又建立了一种新的集卡调度规划模型,该模型能够考量集卡运输时间与碳排放量,可获得二者综合最优的调度方案。

赵金楼等(2017)提出了一种考量集卡分配与作业顺序的规划模型,并基于粒子群优化算法求解。

张瑞友等(2018)面向包含时间窗的可折叠箱接驳运输瓶颈,提出了将该类问题分解为满箱子问题和空箱子问题的新方法,并建立了数学模型,基于主动禁忌搜索算法进行求解,并通过实例验证了该方法的有效性。

唐国磊等(2019)开展了不同码头装卸工艺条件下的集卡资源配置与调度研究,分析了对船舶在港作业时间及碳排放量的影响。

张建同等(2020)针对集卡调度中的甩箱问题开展了研究,运用图建模思想,以最小化作业总时间为目标构建了混合整数规划模型,通过改进集群算法求解问题,并以数值实验验证了算法的有效性,证明了甩挂运输模式对于集卡作业效率的改进与提升。

Jiang 等(2021)针对港口设施不满足到达船舶需求的问题,采用模糊综合评价和层次分析法为拖轮提供了一种新的调度优化方案。

部分学者将集成调度方法迁移到自动化集装箱码头的研究范畴。

钱继锋等(2014)以最小化集卡空载率与集卡提箱时间为目标,提出了岸桥与堆场间的双向优化模型,基于混合智能算法求解,通过仿真实验验证了其有效性。

边展等(2015)基于集装箱码头实际业务流程,讨论了不同装卸作业模式下的集卡指派问题。

张芳芳等(2016)针对过往研究中存在的堆场可用位置静态化与现实环境不符的问题,将其计入堆场可存储位置的动态变化影响,利用 4 种不同改进机制的粒子群优化算法进行优化求解,并基于港口实例进行了对比分析。

马梦知等(2018)针对计入送箱集卡随机到港导致的场桥资源缺乏、分配不均匀、高峰拥堵问题的影响,建立了一种新的考虑送箱集卡预约与场桥调度协同优化的双层规划模型,基于并行的遗传算法求解,以天津东方海陆集装箱码头有限公司为实例,验证了该方法的有效性。

添玉等(2018)分析了集装箱码头作业设备间相互作用及制约关系,以最小化船舶在港作业时间和成本为目标,建立了一种新的混合整数非线性规划模型,寻求一种岸桥、场桥、集卡协同调度的最优化作业序列,解决了自动化码头的岸桥、场桥、自动导引车(automated guided vehicle,ACV)之间协同调度时的路口碰撞问题。

常祎妹等(2019)以最小化系统装卸总时间为目标,建立了一种新的整数非线性规划模型,设计了相应的启发式算法用于新模型的求解。

张笑菊等(2019)以最小化装卸时间为目标,建立了一种新的集卡与岸桥联合调度模型。该模型能够获得集卡与岸桥最佳分配方案,提高了岸桥同贝同步的装卸作业效率。

杨惠云等(2019)在研究中考虑了不同预约时段下可切换类型的闸口,讨论了预约模式下集卡与可变闸口的协同调度问题,建立了一种新的模型,设计了基于两元素优化(2-optimization,2-opt)与随机变异规则的混合模拟退火算法以进行求解,有效解决了集装箱码头闸口作业量分配不均、集卡过闸效率低所造成的集卡拥堵问题。

杨雅洁等(2020)通过计入任务分配、AGV 避碰规则等约束条件,以最小化任务完工时间构建了规划模型,对比了是否考虑避碰规则的结果数据,验证了提出的优化方案对于整个作业流程效率的提升作用。

梁承姬和陈登川(2020)针对自动化码头 AGV 数量过大所导致的水平运输存在拥堵的问题,采用多学科耦合优化的方法对 AGV 配置进行了优化,以最小化 AGV 作业数量及总体等待时间为目标,建立了一种新的 AGV 协调调度的耦合规划模型,并通过遗传算法进行求解,以大规模算例验证了算法的有效性。

(4)计入其他因素干扰的集装箱码头作业调度

考虑在码头调度模型中加入不确定性因素,Tan 和 He(2021)针对泊位与岸桥联合调度分配易受到不确定性因素影响的问题,提出了一种主动的泊位分配和码头起重机配置策略。该策略考虑了不确定性下使用反应性策略的最低回收成本,并制定了随机规划模型,以最小化基线计划中的基本成本及实际不确定场景中的回收成本,开发了一种基于遗传算法的两阶段元启发式框架来解决此问题。通过数值实验和情景分析,验证了所提出的模型和求解方法的有效性。

(5)考虑环境因素的集装箱码头作业调度

在绿色智慧化港口建设方面,Wang 等(2018)针对在新的碳税政策下集装箱港口减少碳排放量的意愿,建立了规划模型,提供了解决方案,评估了征收碳排放税对碳减排的影响,该模型可有效降低集装箱港口的碳排放量。

Duan 等(2021)针对集装箱港口资源合理利用与降低碳排放量的问题,建立了数学规划模型,以宁波港为案例,评估了碳排放成本变化对泊位和码头起重机配置方案的影响,并提出了解决方案。

综上所述,随着集装箱码头作业调度要求的日益提高,综合考虑泊位、拖轮、岸桥、集卡等集装箱码头稀缺资源的联合调度显得尤为重要。这种联合调度对于获取更优质的集装箱码头作业调度管理计划、提升港口效益,具有重要的研究价值。

2. 集装箱码头作业调度优化模型的求解方法研究

(1)集装箱码头作业调度优化模型的求解方法

尚晶和陶德馨(2006)基于物理仿真过程建立了一种新的集卡动态调度模型,并与传统调度进行对比分析,提出了策略的可行性。随着计算机计算能力的提高，智能优化算法因在求解最优化问题时具有鲁棒性较好、收敛速度快的优点而逐步受到重视。

计明军和靳志宏(2007)探索了在集装箱同时装卸的情况下，以最小化作业时间为目标，建立了考虑集卡线路优化和岸桥效率的数学模型，设计了进化规划算法予以求解，进行了数值试验，并在一定时间内获得了集卡的最优调度结果。

曾庆成和杨忠振(2008)针对集卡调度问题，建立了以岸桥等待时间最小为目标的集卡动态调度模型，给出了基于 Q 学习求解模型流程，得出了不同环境下的集卡调度方案。

Cao 等(2010)考虑了在集卡数量有限的情况下集卡的动态调度，并将集卡运输与等待时间赋予不同的权重进行求和，建立了以降低二者为优化目标的调度规划模型，同时基于启发式算法求解模型，给出了两种评估解的方法。

乐美龙等(2013)用 FlexSim CT 仿真软件对港口不同装卸工艺下集装箱卡车作业建模，并对该模式下的作业时间和集卡的利用率进行了分析，得出了不同集卡数量下的最优集卡配置策略。

徐远琴等(2013)和王军等(2014)考虑了集卡与岸桥联合调度，建立了以最小化作业时间为目标的集卡路径规划模型，解决了集卡路径选择问题。

韩晓龙等(2014)利用仿真软件 FlexSim CT 对港口装卸作业流程进行仿真实验，分别对装卸同步、先装后卸、作业面、作业线装卸工艺下的作业时间和设备利用率进行了对比分析。

蔡芸等(2020)基于量子遗传算法和禁忌搜索算法对拖轮-泊位联合调度模型进行求解，经仿真实例验证，求解结果可为集装箱港口提供良好的解决方案。

焦小刚等(2020)设计了 3 种启发式算法，建立了以船舶周转时间最小为目标的线性规划模型，经仿真实例验证，求解结果具有有效性。

楚金华等(2021)基于遗传算法，对集装箱班轮航线路径规划与航速调度集成决策方案进行求解，结果表明该模型具有实用性与优越性。

王丹等(2023)基于量子局部搜索，设计了一种非支配排序遗传算法，用于求解考虑多种污染气体排放的集装箱码头泊位-岸桥-集卡集成调度规划模型，经仿真实例验证，求解结果可为集装箱港口提供较为良好的解决方案。

(2)SBO 算法

韩斐斐和刘升(2018)面向算法寻优精度低与收敛速度慢的瓶颈，设计了一种基于自适应 t 分布变异的 SBO(tSBO)算法，引入了自适应 t 分布变异算子，利用算法的迭代次数作为 t 分布的自由度参数，提高了种群的多样性，避免了算法陷入局部最优。

鲁晓艺等(2018)针对寻优精度低和收敛速度慢的问题,提出了基于自适应权重的 SBO 改进方法,该方法提高了算法的全局收敛能力与精度,避免了算法陷入局部最优解。经过实验表明,该改进方法是可行有效的。

王依柔等(2020)针对 SBO 算法精度不足和收敛速度慢等问题,设计了一种改进的 SBO 算法(improve SBO,ISBO)。首先,基于非均匀变异算子,动态地调整了每次迭代缎蓝园丁鸟个体的搜索步长,使算法能快速高效地寻求全局最优值。其次,采用互利因子,引入更多组合模式,对算法的社会部分进行改进,以获得更大的搜索范围,并获取更好的最优解。最后,为了更好地平衡算法的全局扰动和局部搜索能力,利用基于余弦变化的惯性权重因子,建立缎蓝园丁鸟个体的位置更新公式。

李宁等(2021)针对 SBO 算法收敛精度低、速度慢和全局扰动能力弱的固有缺陷,设计了一种新的融合粒子群的 SBO 算法(particle swarm SBO,PSBO)。该算法在原 SBO 算法的基础上,通过引入速度因子和固定惯性权重来提高种群的多样性,进一步提高了原算法的寻优性能。

曹灿等(2021)针对 SBO 算法存在收敛速度慢、寻优精度低和易陷入局部最优等缺点,提出了一种基于混合策略的 SBO 算法。首先,在种群初始化时,通过引入 Logistic 混沌映射,使初始种群能够均匀分布。其次,求偶亭位置更新时,加入了指数惯性权重,平衡了算法的全局和局部搜索能力,从而提升了算法的全局收敛速度。最后,又在求偶亭位置变异时,引入了莱维(Levy)飞行变异,提升了种群的多样性,使算法跳出局部最优。

孙振营和张文(2022)在种群初始化及位置更新方面对标准 SBO 进行改进,改进以后的算法不易早熟;此外,通过转换,将最优阈值问题变为目标函数求解问题,以利用群智能算法的优点来快速找到最优阈值,从而完成阈值分割。

综上所述,集装箱码头作业调度优化模型求解属于 NP-hard 问题(非确定性多项式求解困难问题),目前尚未找到有效算法求解。鉴于智能优化算法的求解精度良好,模型的求解方法已由线性规划法和启发式算法逐步演变为智能优化算法。随着港口战略要求的提升,码头调度优化模型日趋复杂,求解难度日益加大,传统的智能优化算法已无法满足现有需求,探索更高效能的求解算法对解决集装箱码头作业联合调度问题具有重要意义。

3. 集装箱码头作业联合调度系统研究

针对集装箱码头作业联合调度优化方法的实际应用问题,朱玥等(2019)针对集装箱码头泊位和岸桥的资源分配问题，引入人工智能算法，设计了一套泊位智能调度系统。船舶信息与码头作业信息将在系统界面显示，工作人员可直观地通过可视化界面掌握码头作业情况，提高了集装箱码头作业效率。

陈锋等(2018)依据上海自由贸易港对推进集装箱设备交接单电子化的总体要求，面向查验箱、中转箱、转栈箱在集装箱码头作业流程中存在的不足，研发并应用了集装箱码头查验箱、中转箱、转栈箱作业智能系统，提升了集装箱码头的作业效率，节约了能源。

黄鸿启等(2023)通过实际业务调研分析，综合考虑了岸桥装卸任务量均衡、箱区装卸任务量均衡和装卸任务顺序等约束，以提高装船作业效率为目标，设计了全岸线智能船控决策规则，并在此基础之上构建了全岸线智能船控决策系统。该系统可合理分析岸桥和箱区作业情况，并快速准确地进行智能指令发送，为操作人员提供了决策参考。

现有的集装箱码头作业调度决策系统已能为码头提供有效的智能决策支持。然而，目前的系统在对泊位调度、拖轮调度、岸桥调度和集卡调度方案的制订上，难以提供更全面的智能化决策援助。因此，建立一个能够综合考虑更多影响因素的集装箱码头作业联合调度优化决策系统，仍然是一个值得深入研究的课题。

1.2.3 现状综述

综上所述，集装箱码头作业调度管理问题一直是学者关注的热点，现有的研究成果为集装箱码头作业调度管理提供了重要的支撑。然而，随着集装箱码头智慧化建设进程的不断推进，特别是港口之间的竞争愈演愈烈，人们对于不同情况下港口、船舶和社会等多方面利益自洽型权衡需求越来越高，同时，周期性潮汐变化与船舶到港时间偏差对大型船舶的进出港时间会造成较大影响，进而干扰泊位与拖轮调度方案的制订，特别是集卡运输效率会为岸桥与集卡调度方案的制订带来较大难题。因此，多方利益的自洽型平衡、潮汐变化、船舶到港时间偏差与集卡运输效率的多要素耦合影响，给泊位、拖轮、岸桥、集卡等集装箱码头资源的联合调度带来了诸多挑战，具体体现在以下几个方面。

(1)已有码头作业调度方法对于港口高效运行起到了非常重要的支撑作用，但随着对港口管理的要求越来越高，在码头作业调度过程中，全面考虑港口利益、船东利益和环境保护实现自洽型权衡已成为一个非常有意义的探索方向。

(2)集装箱码头作业联合调度具有多流程、多作业面、多环节的复杂特性,潮汐变化、船舶到港时间偏差、集卡运输效率的影响在码头运行调度过程中不容忽略,但目前综合考虑潮汐变化、船舶到港时间偏差、集卡运输效率耦合影响的调度方法研究有限。探索建立计入潮汐变化、船舶到港时间偏差、集卡运输效率耦合影响的调度优化模型值得深入研究。

(3)考虑多个目标函数与多种因素的优化模型,在更好地体现综合管理水平的同时,模型非线性与非连续性大幅增强,模型求解难度随之增大,传统求解方法难以胜任复杂优化模型求解。因此探索具有更强优化能力的优化模型求解方法值得深入探究。

针对上述瓶颈与趋势,本书从集装箱码头实际运行出发,首先,梳理了集装箱码头作业联合调度的主控要素,探究了主控要素对集装箱码头作业联合调度的影响规律,建立了一种新的 TAH-BUQCT 模型;其次,针对 TAH-BUQCT 模型求解问题,提出了一种新的 CQASBO 算法,构建了一种基于 CQASBO 算法求解的 TAH-BUQCT_CQASBO 方法;最后,测试了建立的 TAH-BUQCT 模型与提出的 CQASBO 算法的可行性和优越性,并开发了基于 TAH-BUQCT_CQASBO 方法的集装箱码头作业联合调度优化决策系统,同时制定了优化决策系统应用保障机制。

第 2 章　基本概念与基础理论

2.1　集装箱码头作业联合调度基本概念

2.1.1　集装箱码头作业

1. 集装箱码头

(1) 集装箱码头的定义

集装箱码头是指包括港池、锚地、进港航道、泊位等水域，以及货运站、堆场、码头前沿、办公生活区域等陆域范围的，能够容纳完整的集装箱装卸操作过程的，具有明确界限的场所。从功能上看，集装箱码头既是海运与陆运的连接点，也是海陆多式联运的关键枢纽，具有集疏运、通关和检验功能。

一个完备的集装箱码头必须在水域、陆域、装卸设备、管理系统及人力资源等方面均达到相关要求，才能确保码头的高效、安全运营。一般地，集装箱码头具有确保集装箱船舶安全进出港的水域和便于装卸的泊位，这是基础条件，以保障船舶安全有效地进出港口，并为集装箱装卸工作提供便利。集装箱码头还需配备数量充足且技术性能优越的专用机械设备，如码头岸桥、场桥、集装箱卡车、集装箱吊车、集装箱叉车等，这些设备对提高装卸效率至关重要。足够面积的集装箱堆场及完备高效的堆场设施也是必不可少的，它们为等待装卸或转运的集装箱提供安全、有序的临时存放空间。智慧化的码头计算机生产管理系统能够显著提升码头的运营效率，确保对每一个集装箱进行精准追踪与管理。通畅的集疏运条件则可以保障集装箱从码头迅速而有效地输出，并确保新集装箱的及时输入。现代化集装箱运输的专业人才是码头高效、安全运营的关键。

(2)集装箱码头的特点

集装箱码头是现代物流系统中的重要节点,主要用于装卸、存储和运输集装箱货物。集装箱码头具有高效、安全、便捷的特点,为全球贸易提供了强大的支持。集装箱码头采用先进的装卸设备和技术,能够快速完成货物的装卸和运输,同时具备大容量的存储和转运能力。此外,集装箱码头通过信息化管理,实现了货物信息的实时更新和共享。其特点主要表现在以下几个方面。

①码头的大型化和深水化

随着集装箱运输的持续进步,越来越多的普通件杂货实现了集装箱化,从而推动了集装箱运量的稳步增长。根据规模经济理论,船舶规模的扩大可以有效降低单位运输成本。因此,为减少集装箱船的运输成本,各大运输公司纷纷采用更大规模的集装箱船,与此同时,与之配套的码头规模也在不断扩大。这体现在码头前沿水深加深、岸线泊位长度增加,以及堆场和整个码头区域的不断扩大。

②码头装卸及运输的机械化和高效化

随着集装箱船队规模的持续扩大,从航次经济核算来看,船舶在码头的停留时间相对受限。缩短集装箱船在码头的停泊时间可以有效降低停泊成本,进而提升航行效率,并充分利用船舶的单位运输成本优势,最终实现水路运输成本的全面降低。为确保集装箱船在码头快速装卸集装箱,现代集装箱码头普遍配备了专业化、自动化且高效率的垂直装卸和水平运输机械。

③码头管理的信息化和现代化

集装箱运输业务的高效率离不开现代化管理,而这又建立在便捷且高速的信息传递与处理基础之上。集装箱码头管理信息传输主要涉及两个方面,一是码头与外部客户及相关部门之间的联络,二是码头内部现场指挥与生产指挥中心之间的沟通。为了实现高效且准确的信息传递,前者采用电子数据交换技术,后者则依赖现场数据输入仪来减少错误率。现代集装箱码头的顺畅运作,除要求员工具备较高的文化素养和专业技能之外,更有效的途径是运用先进的管理手段。目前,集装箱码头的现代化建设已成为不可逆转的趋势,例如,洋山港和青岛港等港口都在积极推进现代化进程。

④码头建设投资的加大

码头大型化,装卸搬运机械自动化、专门化、高速化,以及管理现代化等措施均涉及较大的投资。此外,集装箱码头堆场的复杂性决定了其投资远高于普通件杂货码头。因此,目前众多大型集装箱码头选择采用中外合资等招商融资方式进行建造,这成为这些项目得以实现的主要原因之一。

(3)集装箱码头的功能

集装箱码头主要承担着货物装卸、运输、仓储、信息管理及码头运营等多项功能,主要包括货物装卸与堆放、运输与转运、物流服务与供应链管理等方面。

①集装箱码头的核心功能是完成货物的装卸与堆放

集装箱码头配备先进的集装箱装卸设备,如岸桥、场桥等,能够高效、准确地完成集装箱的吊装、运输和堆放。集装箱码头拥有大面积的堆场,用于堆放集装箱。堆场管理采用先进的计算机系统,确保货物有序、安全地堆放和提取。集装箱码头还能够根据货物的性质和特点,提供不同类型的装卸和运输服务,以满足不同客户的需求。

②集装箱码头具有货物运输与转运功能

集装箱码头通过堆场和辅助设施,为货物提供存储和保管服务。同时,集装箱码头还能够根据货物的流向和运输需求,提供中转服务,将货物从一个地点转运到另一个地点。这种服务能够提高货物的流通效率,降低物流成本。集装箱码头在选址建设过程中通常会连接内陆运输网络,通过卡车、火车等交通工具,将货物从码头运往内陆地区;同时还承担着跨国运输的任务,通过海运将货物从一个国家运往另一个国家,实现国际贸易的顺畅进行。

③集装箱码头具备物流服务与供应链管理功能

该项功能包括仓储服务、配送服务与信息管理。集装箱码头可提供仓储服务,包括临时存储和长期仓储。货物可以在码头进行短暂停留,等待进一步处理或转运;同时码头通过陆运、海运等多种方式,将货物配送到内陆地区或跨国运输;码头通常采用先进的物流信息系统,实现货物的实时追踪和管理,提高物流效率。

④集装箱码头能够进行信息化管理

集装箱码头采用信息化管理手段,实现了货物信息的实时更新和共享。通过电子数据交换等技术手段,集装箱码头能够与供应链上的各个环节实现信息共享和协同作业,提高物流效率和服务质量。同时,信息管理还能够为决策者提供数据支持和分析报告,帮助他们做出更加科学合理的决策。

2. 集装箱码头作业

集装箱码头作业是物流过程中非常重要的一环,它涉及船舶到港和离港、拖轮的引航作业、集装箱码头垂直运输机械、集装箱码头水平运输机械等多个方面。

(1)船舶到港和离港

当船舶到港时,码头工作人员要进行一系列的准备工作,包括船舶靠泊、系缆、卸货等。在船舶离港时,码头工作人员也需要进行相应的准备工作,包括装货、解缆、离泊等。这些工作的顺利进行需要码头工作人员的密切配合和高效协作。码头工作人员会根据船舶的预报信息,提前安排好靠泊计划,确保船舶能够顺利停靠。在船舶到港后,码头工作人员还会对船舶进行严格的检查和消毒,确保船舶的卫生和安全;与船方进行密切的沟通和协调,确保货物的顺利装卸;在货物装卸过程中,会严格遵守操作规程,确保货物的安全和质量;为船方提供必要的支持和帮助,如提供通信、供水、供电等服务。当船舶离港时,码头工作人员会对货物进行严格的检查和清点,确保货物数量和质量无误;与船方进行密切的沟通和协调,确保货物的顺利运输。

综上,船舶到港和离港是集装箱码头运营中的重要环节。为了确保这些工作的顺利进行和高效率,需要加强人员培训和管理,并采用先进的设备和系统,同时制定严格的操作规程和安全管理制度。只有这样,才能确保集装箱码头的高效、安全和稳定运行,为物流行业的发展做出更大的贡献。

(2)拖轮的引航作业

拖轮在港口运营中占据着举足轻重的地位,对于保障大型船舶的安全航行、实现船舶高效进出港口,以及顺利到港和离港具有至关重要的作用。其主要功能在于为那些因受风、浪、水位限制等影响而无法自行航行的船舶提供辅助,帮助这些船舶进出港和靠离码头泊位。此外,拖轮还能够拖曳因故障而丧失自航能力的船舶,并在海洋和内河的海事搜救中发挥着不可替代的关键作用。

拖轮可根据其作业环境的不同,划分为远洋型、沿海型、港湾型和内河型。远洋型和沿海型拖轮船体坚固且船首较高,能够有效抵御海浪冲击,非常适合海上航行。港湾型拖轮船体较小,适用于港口或海湾内进行辅助作业。内河型拖轮船体轻且吃水较浅,特别适合内陆江河的航行条件。拖轮的马力大小根据应用场景而异,并且其马力值会随着使用年限的增加而降低。在港口实际操作中,为确保作业的安全性和资源的合理利用,大型船舶通常需要多艘拖轮同时提供动力支持。拖轮的具体数量根据船舶的吨位确定。

码头拖轮的引航作业主要包括以下几种类型。

①第一种是靠离泊作业,即拖轮为到港船舶提供顶推或拖曳服务,帮助船舶从锚地通过航道安全抵达或离开泊位。

②第二种是移泊作业,即拖轮协助船舶从一个泊位移到另一个泊位,这类作业通常较为复杂,可能增加港口运营成本并引发交通混乱,因此通常会通过优化泊位和作业计划来避免不必要的移泊。

③第三种是拖带作业,即为无动力的船舶提供必要的动力支持。

④第四种是抢险救助作业,包括对港内失控、失火、搁浅或发生事故的船舶进行紧急救助。

(3)集装箱码头垂直运输机械

集装箱码头垂直运输机械在港口装卸作业中发挥着至关重要的作用。这些机械不仅提高了集装箱的装卸效率,更保证了港口物流及时顺畅进行。岸桥作为连接船舶与码头的关键设备,具有长臂展、高起升能力和大承载量的特点,能够根据不同船舶的装卸需求,灵活调整作业参数,实现快速而安全的集装箱装卸。场桥主要用于码头堆场的集装箱垂直搬运,配备精确的定位系统和高效的堆码能力,能够确保集装箱在堆场的有序存储,并通过精确的控制系统,实现集装箱在堆场内的自动化搬运和堆码,以提高堆场作业效率。

这些垂直运输机械在性能上表现卓越,能够快速、准确地完成集装箱的装卸和搬运任务,再配备先进的安全保护装置,可确保在恶劣天气或突发情况下仍能稳定、安全地运行。集装箱码头垂直运输机械的未来发展趋势主要表现在以下两个方面。

①智能化和自动化:随着物联网、大数据等技术的广泛应用,集装箱码头垂直运输机械将实现更高级别的自动化控制和远程监控,并在提升作业效率的同时降低人工成本。

②环保性:节能减排、低碳环保将成为垂直运输机械设计和制造的重要考量。这些机械将向更加绿色、可持续的方向发展。

(4)集装箱码头水平运输机械

集装箱码头水平运输机械负责在码头陆域进行高效、安全的集装箱运输。其主要包括以下 3 种类型。

①集装箱牵引车和挂车(集卡),是码头水平运输的主要形式,通过拖带集装箱在码头内或公路上灵活穿梭,确保集装箱能够准确、及时地送达指定位置。

②集装箱跨运车,具备强大的吊装和运输能力,在码头堆场中进行集装箱的装卸、搬运和堆码作业,大大提高了作业效率。

③集装箱叉车,主要用于将货物从码头运输到仓库、堆场中,并在堆场中进行货物的分装。其主要在吞吐量较小的综合性码头进行集装箱的装卸、堆码、

短距离搬运等作业。

码头水平运输机械通常采用先进的液压系统、电子控制系统及节能技术，保证重载、高速运行时的稳定性和安全性。在运营与维护方面，工作人员需要定期对其进行保养和维修，以确保运输机械处于良好的工作状态。随着码头作业的进一步发展，这些机械也在不断创新和升级，主要表现在以下两个方面。

①智能化和自动化：通过引入物联网、大数据等先进技术，实现更加精准、高效的集装箱运输。未来可能会出现自动驾驶的牵引车、智能调度的跨运车等。

②绿色环保：将绿色环保理念结合到机械的设计与生产中，推动集装箱码头水平运输机械向更加环保、可持续的方向发展。例如，采用低排放的发动机技术、使用可再生材料等。

2.1.2 集装箱码头作业联合调度

作业调度是操作系统中的一个重要概念，涉及进程调度、资源分配、优先级管理，以及监控与优化等方面。它负责将用户提交的作业按照一定的策略进行排序，并决定何时将作业分配给处理器进行处理。作业调度的主要目标是提高系统的效率，使得作业能够更快地完成。

在作业调度中，有多种调度策略可以选择，如先到先服务规则、最短作业优先法(shortest job first, SJF)、最短剩余时间优先(shortest remaining time first, SRTF)等。这些策略各有优缺点，适用于不同的场景和需求。

1. 进程调度

进程调度是操作系统中负责决定哪个进程将在何时运行并执行的具体机制。进程调度通常基于优先级、时间片轮转、非抢占式调度等机制。优先级调度是根据进程的优先级来确定其运行顺序的。时间片轮转是一种基于时间片的调度机制，每个进程被分配一个固定长度的时间片，当时间片用完时，当前进程将被移至就绪队列的末尾，而其他进程则有机会运行。非抢占式调度是一种在进程执行期间不允许被中断的调度方式。

2. 资源分配

资源分配是操作系统中负责为进程分配所需资源的过程。资源分配的目标是确保每个进程都能够获得足够的资源以完成其任务，同时避免资源的浪费和冲突。在资源分配中，有多种策略可以选择，如静态分配和动态分配。静态分配是在进程创建时一次性分配所需的资源,而动态分配则是在进程运行时根据需要动态地分配和释放资源。

3. 优先级管理

优先级管理是操作系统中用于确定进程执行顺序的一种机制。在优先级管理中,每个进程都有一个与之相关的优先级值,该值决定了进程的执行顺序,即高优先级的进程将优先于低优先级的进程。优先级管理可以通过多种方式实现,如静态优先级和动态优先级。静态优先级是在进程创建时确定的,而动态优先级则是在进程运行时根据其行为和其他因素动态调整的。

4. 监控与优化

监控与优化是操作系统中用于评估系统性能、诊断问题及提高系统效率的过程。在监控与优化过程中,操作系统收集各种系统性能指标和运行时的数据,并使用这些数据来分析和改进系统的性能。

合理的集装箱码头作业调度旨在在有限时间内高效利用现有资源执行船舶调度方案。码头资源包括泊位、拖轮、岸桥、集卡等实体,这些资源在调度过程中需合理配置。每个调度动作可灵活选择不同资源,同时一种资源也可服务于多个调度动作,这关键在于确定调度动作所需的资源种类和执行时间,并确保调度方案符合码头实际约束,如时间限制、动作顺序和资源数量等。优化的调度目标是在尽可能短的时间内,以最少资源消耗完成所有作业,从而实现集装箱码头的高效运行。

集装箱码头是一个多级复杂的系统,其内部包含码头岸线资源、水平运输资源、后方堆场资源等多个子系统。船舶的到港时间会直接影响码头的调度计划。泊位和岸桥是集装箱码头不可或缺的岸线资源,且因其稀缺性而备受关注。泊位负责提供集装箱船靠泊的空间,而岸桥则负责执行船舶的装卸作业。由于二者在码头运营中的紧密关联,泊位与岸桥的配置和调度常常需要统筹考虑。联合调度策略旨在根据到港船舶的需求,为其分配最合适的泊位,并指派适量的岸桥资源,以最小化船舶在港时间,从而优化码头岸线资源的使用效率。通过这种集成式的调度方法,可以有效提升集装箱码头的整体运作效率和服务质量。集卡调度是在岸桥分配后,从码头前沿水平运输至后方堆场,合理地安排集卡的运输路径,使得集卡的运输距离最短,进而可以达到降低集卡作业成本、提高装卸效率的目的。场桥的调度是在集卡运输至后方堆场后,对场桥进行任务分派,使其在堆场间移动时间最短,达到降低成本的目的。虽然对集装箱码头的各子系统进行独立的调度优化可以在一定程度上提升作业效率,但由于各子系统之间存在密切的关联和相互制约的关系,仅从局部视角对各子系统进行优化往往难以全面考虑整个作业系统的需求。这可能导致整体优化效果不佳,并在实际应用中表现出一定的局限性。因此,需要寻求更加综合、全面的调度优化方案,以确保集装箱码头的整体运营效果得到显著提升。

集装箱码头作业资源具有同步协作和交互协调的特点,其管理模式兼具自主性和分散性。联合调度策略旨在从各子系统的整体性能出发,综合考虑它们之间的耦合关系和相互制约因素,实现对调度问题的全面整合与优化。通过科学的调度方法、先进的管理理念和高效的技术支撑,集装箱码头能够实现对泊位、岸桥、集卡和场桥等资源的合理配置与调度,确保船舶到港后各环节的生产效率,从而进一步提升码头的整体作业效率并降低作业成本。其核心在于各环节间的协同与有效衔接,即多资源协同分配与调度管理问题。因此,开展集装箱码头作业联合调度优化方法研究一直是港口管理领域的难点和热点问题。

2.2 集装箱码头作业联合调度基础理论

2.2.1 复杂系统理论

1. 复杂系统理论的内涵

复杂系统理论是一种研究复杂系统的科学方法。复杂系统由众多可能相互作用的组件构成,具备一系列由这些交互关系产生的独特特性,例如,非线性、自发顺序、涌现现象、适应性和反馈循环等。根据普遍的复杂系统理论,系统内部各要素之间的协调、和谐与共生是推动系统存在和发展的核心动力。其研究的核心焦点在于探讨系统组成部分之间如何相互影响,进而产生整体性的集体行为,以及系统如何与其所处环境相互作用并构建关系。这种理论通常被视为还原论的另一种思考框架,旨在通过解析系统的组成元素及它们之间的个体互动,来揭示和理解系统的整体运作机制。

复杂系统理论汲取了多个领域的精髓,如物理学对自组织和临界现象的探索、社会科学对自发秩序的深入研究、数学对混沌现象的理解,以及生物学对适应性的研究等。因此,复杂系统常被视作一个宽泛的术语,用以概括众多不同学科在研究方法上的共同特点,这些学科包括统计物理学、信息论、非线性动力学、人类学、计算机科学、气象学、社会学、经济学、心理学及生物学等。

在复杂系统理论中,变量间的互动是事态发展的关键驱动力,这一过程较为复杂。对该理论的研究旨在分析不同个体对象的共同特征,进而揭示适用于各类个体的一般规律、模式和原则。为达成这一目标,人们可采用跨学科的研究方法,基于各学科的基本概念、基础理论及其间的差异,综合考虑不同个体对象领域内的研究成果和各类因素的相互作用,从而抽象概括出普遍适用的一般规律。

2. 集装箱码头作业联合调度复杂系统理论的特征

集装箱码头作业联合调度系统不是简单的单流程、单环节的调度作业,应综合考虑各子系统及其各个环节相互影响的联合调度作业系统。相关的任何研究都必须考虑研究对象所处的环境与所在的系统,通过研究集装箱码头"船舶→岸桥→集卡→龙门起重机→堆场"等装卸工艺,深入探究联合调度影响机理。集装箱码头作业联合调度主体一般包括到港船舶、泊位、岸桥、拖轮、集卡、场桥等,承担着集装箱码头作业联合调度中最重要的职能,对集装箱码头作业联合调度具有较大的决定性作用。集装箱码头作业联合调度涉及多个领域,包括管理学、协同论、规划论、交通运输工程等。联合调度能够为集装箱码头管理者提供一个高效、低成本的调度方案,这在很大程度上反映了集装箱码头作业调度基础理论的发展。

本书从系统科学的视角出发,聚焦于集装箱码头作业联合调度中的多个核心资源——泊位、拖轮、岸桥及集卡资源的协同调度问题;同时,综合考虑了潮汐变化、船舶到港时间偏差及集卡运输过程中的随机因素,这些因素相互耦合,共同影响着调度决策。通过各子系统间的相互协调、相互影响和相互制约,集装箱码头作业联合调度形成了一个具有特定结构功能的复杂系统。该系统的具体特征如下。

(1)集装箱码头作业联合调度系统的协调与系统性

依据复杂系统理论,每个系统及其组成部分都隶属一个更高级别的整体系统,且这些子系统之间必须保持相互作用。事物的性质因其所属的层次、所处的关系网络及结构的不同而有所差异。集装箱码头作业联合调度正是这样一个庞大的系统,其中各类装卸资源各自处于不同层次的子系统中。这些子系统的主体包括到港船舶、码头泊位、岸桥、拖轮、集卡及场桥,它们之间既相互协调又相互制约,共同构建了一个错综复杂的整体系统。

(2)集装箱码头作业联合调度系统的非线性

在复杂系统的形成中,各元素经过特定的结合方式形成更高级别的个体。本书探讨的集装箱码头作业联合调度系统,正是由到港船舶、码头泊位、岸桥、拖轮、集卡及场桥这 6 类主体共同构成的。这些主体并非通过消除低层次个体而产生,而是在新的环境中找到了适合自身的发展方式。值得注意的是,这 6 类主体在集装箱码头作业联合调度系统中并非遵循简单的线性关系。特别是在装卸作业中,各资源之间存在着复杂而相互影响的关系,这种关系不能简单地用线性因果关系来描述,而是一种积极的相互协调。因此,这种主体间的非线性关系正是构成系统复杂性的关键所在。

2.2.2 协同理论

1. 协同理论的内涵

协同理论,即协同论,它是自 20 世纪 70 年代起,基于多学科的研究逐渐成熟并发展出的一门新兴学科,是系统科学的关键分支。该理论主要探讨由众多子系统构成的系统,在一定条件下如何通过各子系统间的协同合作,在宏观层面呈现有序状态,进而形成具备特定功能的自组织结构机理。协同理论融合了信息论、控制论、突变论等现代科学理论,并汲取了平衡相变理论中的序参量概念和绝热消去原理。它结合统计学与动力学的方法,通过跨学科的同类现象分析与比较,构建数学模型和解决方案,从微观层面到宏观层面揭示了各种系统和现象由无序向有序转变的普遍规律。其研究重点聚焦于远离平衡态的开放系统,并强调,系统从无序到有序转变的核心不在于其是否处于平衡或非平衡状态,也不在于其偏离平衡态的程度,而在于系统内部各子系统之间的协同作用。

协同理论认为,虽然系统间差异性较大、属性也不尽相同,但在整个环境中,各系统间存在着相互影响且相互合作的关系。在一定条件下,人们可以通过子系统的相互作用与协作,探究其转变所遵守的共同规律。人们应用协同理论方法,可以把已经取得的研究成果拓展至其他学科,为探索未知领域提供切实有效的手段;同时还可以找出影响系统变化的控制因素,进而发挥系统内子系统间的协同作用。

协同理论的核心内容可归结为 3 个方面:协同效应、伺服原理及自组织原理。

(1)协同效应

协同效应指的是在复杂且开放的系统中,各子系统通过相互作用所产生的整体或集体效果。无论是自然系统还是社会系统,尽管它们千差万别,但协同作用都普遍存在。这种协同作用正是推动系统形成有序结构的内在动力。对于任何复杂的系统来说,当外部能量作用或物质聚集态达到某一临界值时,子系统间将产生协同作用,促使系统从无序状态转变为有序状态,进而在混沌中孕育出稳定的结构。

(2)伺服原理

伺服原理描述了系统中快变量如何跟随慢变量,以及序参量如何主导子系统的行为。这一原理从系统内部稳定与不稳定因素的相互作用中揭示了自组织过程的本质,即在临界点附近,系统通过简化原则将快速衰减的组态与缓慢增长的组态相协调。在接近不稳定点或临界点时,系统的动力学特性和显著结构往往由少数集体变量(序参量)主导,而其他变量的行为也受这些序参量的影响和调控。

(3)自组织原理

自组织是相对于他组织而言的。他组织涉及外部指令和能力的介入,而自组织则强调在没有外部指令的条件下,系统内部子系统依据内在规则自发地形成特定结构与功能。自组织原理进一步解释了,在一定的外部能量、信息和物质流输入的情境下,系统通过子系统间的协同合作,能够自发地形成新的时间、空间或功能有序结构。

2. 集装箱码头作业联合调度协同理论的特征

协同理论具备普适性特质,它隶属自组织理论范畴,能有效将无生命与有生命的自然界融合,揭示其共同的本质规律。集装箱码头作业联合调度系统作为一个复杂且开放的体系,涵盖了人、组织及环境三大核心组成部分,这些要素内部又嵌套着多个次级要素,呈现出强烈的非线性特征。因此,该系统的内部演化过程深受各个子系统运动形式的影响。协同理论能够揭示集装箱码头作业联合调度系统的一般原理和规律,为集装箱码头作业联合调度的研究提供了新的原则和方法。

基于协同理论的理念,集装箱码头作业联合调度系统能否实现协同效应,关键在于其内部各子系统间的协同作用。这种协同作用直接决定了系统能否发挥整体优势,实现高效、有序的作业调度。若泊位、拖轮、岸桥、集卡、场桥等码头资源的各子系统内部能够相互协调配合,共同围绕提高码头装卸作业效率、降低集装箱码头作业成本等目标协同运作,就能够产生“1+1>2”的协同效应;反之,会陷入内部相互掣肘、离散、冲突或摩擦,造成整个管理系统内耗增加,难以发挥其应有的功能。因此,基于协同理论的思想,开展集装箱码头作业联合调度研究,能够有效整合码头资源,提高码头整体作业效率,提升码头管理水平,降低码头作业成本。

2.2.3 规划论

规划论又称数学规划,是运筹学的一个分支,是研究对现有资源进行统一分配、合理安排、合理调度和最优设计,以取得最大经济效果的数学理论方法,旨在通过各种规划方法对给定的优化问题进行求解。通常称必须满足的条件为“约束条件”,衡量的指标为“目标函数”,其中包括整数规划、约束非线性规划、动态规划和多目标规划等。在经济管理、工程设计和过程控制等方面,规划论有着广泛应用。

1. 整数规划

整数规划是一种特殊类型的线性规划,即在线性规划模型中,将规划中的变量(部分或全部)限制为整数。整数规划问题在组合优化、资源分配、调度问题等领域有着广泛的应用。常见的整数规划算法包括分支定界法、割平面法、隐枚举法、匈牙利法、蒙特卡洛法等。整数规划的数学模型如下:

$$\begin{cases} \max(\min)f(x) = \sum_{j=1}^{n} c_j x_j \\ \sum_{j=1}^{n} a_{ij}x_j \leqslant (=, \geqslant) b_i, \ i = 1,2,\cdots,m \\ x_j \geqslant 0 \text{ 且为整数}, \ j = 1,2,\cdots,n \end{cases} \tag{2-1}$$

若要求所有 x_j 的解为整数,称为纯整数规划;若要求部分 x_j 的解为整数,称为混合整数规划;若对应没有整数解要求的线性规划则称为松弛问题。其中,整数规划的最优解不会优于其松弛问题的最优解。

2. 约束非线性规划

约束非线性规划是优化领域的一个重要分支,主要用于解决目标函数为非线性函数,同时满足一系列线性或非线性约束条件的最优化问题。这类问题在许多领域中都有广泛的应用,如机器学习、数据挖掘、经济预测等。约束非线性规划的目标是找到一组变量,使得目标函数达到最小或最大值。目标函数通常是非线性函数,可能涉及多个决策变量。在约束非线性规划的约束条件限制决策变量的取值范围时,确保解在可行域内。约束条件可以是等式约束或不等式约束,也可以是线性约束或非线性约束。一般的约束非线性规划问题[几何规划(geometric programming,GP)型]可表示为

$$\begin{cases}\min f(x)\\ h_i(x)=0,i=1,2,\cdots,m\\ g_j(x)\geqslant 0,j=1,2,\cdots,l\end{cases}\tag{2-2}$$

其中

$$\begin{cases}h(x)=[h_1(x),h_2(x),\cdots,h_m(x)]^{\mathrm{T}}\\ g(x)=[g_1(x),g_2(x),\cdots,g_l(x)]^{\mathrm{T}}\end{cases}\tag{2-3}$$

则约束极值问题可记为

$$\begin{cases}\min f(x)\\ h(x)=0\\ g(x)\geqslant 0\end{cases}\tag{2-4}$$

令 $Q=\{x\mid h(x)=0,g(x)\geqslant 0\}$,称 Q 为此约束极值问题的可行域。

在求解非线性规划问题时,选择一个合适的初始点是很重要的。初始点的好坏往往决定了算法的收敛速度和解的质量。通常情况下,初始点应选择在可行域内,且尽可能接近最优解。同时,算法设计是约束非线性规划的关键部分,需要根据问题的特性设计有效的算法。常见的算法包括梯度下降法、牛顿法、拟牛顿法等。在设计算法时,人们需要考虑如何处理约束条件、如何选择步长、如何更新迭代点等问题。

求解约束非线性规划的方法可以分为直接法和间接法两类。直接法主要包括可行方向法和逐步优化法等,通过不断迭代寻找最优解。间接法主要是将非线性规划问题转化为线性规划问题求解,如拉格朗日乘子法、卡罗需-库恩-塔克条件(Karush-Kuhn-Tucker conditions,KKT 条件)等。

约束非线性规划的最优解可分为局部最优解和全局最优解。局部最优解是在一定范围内最优的解,而全局最优解是相对于整个解空间的最优解。在约束非线性规划时,由于目标函数和约束条件的复杂性,通常很难找到全局最优解。因此,在实际应用中,人们往往追求找到局部最优解。

3. 动态规划

动态规划是一种求解动态系统优化问题的优化方法。它通过将复杂问题

分解为一系列子问题，并逐个求解子问题，最终得到原问题的最优解。动态规划问题在生产计划、资源分配、决策支持等领域有着广泛的应用。常见的动态规划算法包括自下而上的递归法、自上而下的迭代法等。

自动态规划理论诞生以来，它在多个领域（如经济管理、生产调度、工程技术和最优控制等）中得到了广泛应用。举例来说，诸如最短路线规划、库存管理、资源分配、设备更新、排序和装载等问题，采用动态规划方法往往比其他方法更为高效便捷。

尽管动态规划主要用于解决按时间阶段划分的动态优化问题，但即便是与时间无关的静态规划问题（如线性规划和非线性规划），只要通过人为引入时间因素，将其转化为多阶段决策过程，同样可以利用动态规划方法进行方便的求解。

动态规划是求解特定问题的一种方法和思路，它并非一种特定的算法（如线性规划），而是针对问题的一种考察方式。因此，动态规划并不像线性规划那样拥有标准的数学表达式和明确的规则，而是需要根据具体问题进行深入的分析和处理。在学习时，除了正确理解基本概念和方法外，还需要发挥丰富的想象力来构建模型，并运用创造性的技巧来求解问题。

4. 多目标规划

多目标规划是一种求解多个目标函数的优化问题的方法。它通过找到一组变量的最优解，使得多个目标函数达到最优。通常多个目标之间是彼此制约甚至是相互冲突的，由于各目标间常存在内在矛盾，一个目标的优化往往伴随着其他目标的性能下降，因此很难获得唯一的最优解。在实际情况中，人们通常需要对各个目标进行权衡和折中处理，以使整体目标尽可能达到最优状态。

多目标优化问题数学模型可表示为

$$\min f(x)=[f_1(x),f_2(x),\cdots,f_n(x)] \tag{2-5}$$

其中

$$\begin{cases} x\in X \\ X\subseteq \mathbb{R}^m \end{cases}$$

优化过程所得的结果是帕累托前沿上的一系列优化解集合（图 2-1），从这些解中挑选出最符合需求的解以优化资源配置。由于多数社会活动涉及多样化的目标，多目标优化的理念现已广泛应用于生产计划、决策支持、资源分配等多个领域。目前主要的求解方法有帕累托模型、线性加权模型、基于回报值的优化模型、模糊优化模型、神经网络模型、多目标智能优化算法等。

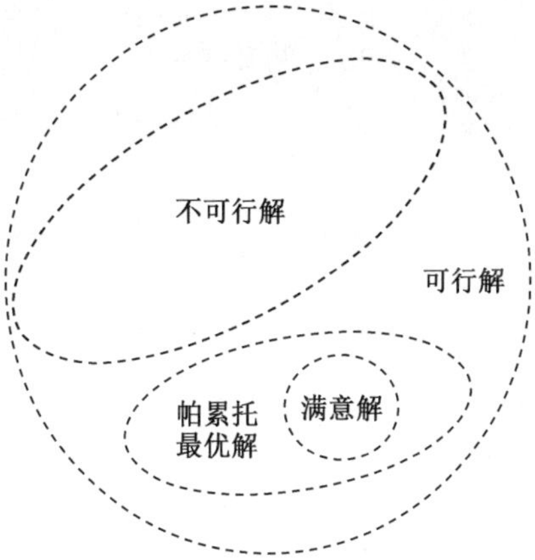

图 2-1　多目标优化解集合示意图

(1)帕累托模型

帕累托模型是多目标优化领域中的经典范例,它无须对目标进行缩放或归一化处理,也无须引入额外的参数或变量(如权重、界限值等)。帕累托模型直接基于原始目标函数和值进行操作,因此可以广泛适用于各种目标和函数类型。由于它保留了目标函数和解的完整信息,所以解的质量得到了较好的保障。在多目标优化问题中,帕累托最优解是一种可接受的解,意味着在变量空间中无法找到更优的解。值得注意的是,帕累托最优解通常不是唯一的,而是可能存在多个。帕累托模型是为了寻找多目标优化问题中帕累托最优前沿,即所有帕累托最优解构成的帕累托最优解集,这些解经过目标函数映射构成了该多目标优化问题的帕累托最优前沿。

对于只有两个目标的问题,其帕累托最优前沿往往呈现为一条曲线(图 2-2);然而,当问题涉及多个目标时,帕累托最优前沿则通常表现为一个复杂的超曲面。因此,要全面且精确地找出所有的帕累托最优解确实存在一定的挑战和难度。

(2)线性加权模型

线性加权模型是多目标优化中常用的一种模型,其中简单加权法是一种典型的线性加权求和策略。该方法不考虑不同目标函数间的单位和范围差异,而是通过为各目标函数分配相应的权重,进行线性加权求和。这样可以用一个综合的效用函数来概括总体的优化目标。最优的效用函数对应的解被视为问题的最优解,从而实现了将多目标优化问题转化为单目标优化问题的目的,对于第 i 个目标函数 $f(x)$,用 ω 表示它的权重,那么多目标优化模型可以转化为

$$\min_{x} \sum_{i=1}^{k} \omega_i f_i, x \in S \tag{2-6}$$

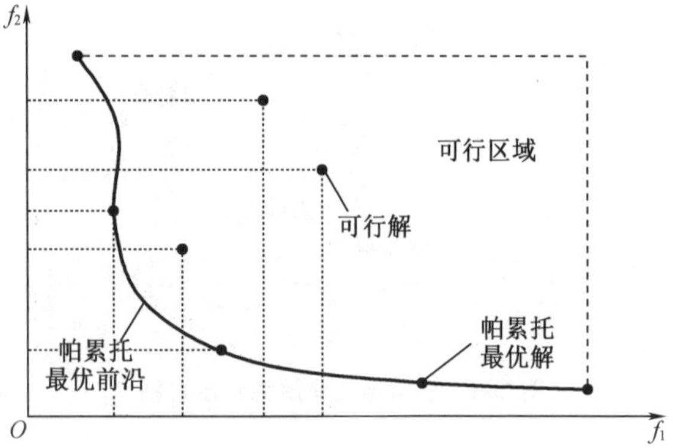

图 2-2 帕累托最优前沿曲线

简单加权模型中主要包括两个步骤,第一个步骤是缩放,第二个步骤是制定权重。将各个目标函数从原始值缩放,或与目标函数的最大值、最小值、平均值比较,采用的缩放公式如下:

$$f'_i = \frac{f_{\max,i} - f_i(x)}{f_{\max,i} - f_{\min,i}} \tag{2-7}$$

考虑到更好的刻画目标,依据对各个目标的偏好程度确定权重。权重的制定对最优解有不可忽略的影响,不同的权重系数能够对最优解起到不同程度的效果。

(3)多目标智能优化算法

多目标智能优化算法是一类广泛用于解决多目标优化问题的算法。通过构建一个搜索空间,算法会在搜索过程中不断评估和比较当前解与最优解的优劣,并根据评估结果进行遗传、变异、选择等操作,逐步向更好的解进化。其中包括遗传算法、粒子群算法、蚁群算法等。这些算法通过模拟自然界中的生物进化、群体行为等机制,能够在多个目标之间进行权衡和优化,以得到一组帕累托最优解。

遗传算法是其中的一种常见的多目标智能优化算法。它通过模拟生物进化过程中的基因突变、交叉和选择等操作,来寻找最优解。遗传算法将问题的解表示为一种"染色体",并对其进行选择、交叉和变异等操作,以得到更好的解。在多目标优化问题中,遗传算法能够找到一组帕累托最优解,这些解在不同的目标之间进行权衡和优化。

在实际应用中,多目标智能优化算法需要针对具体问题进行调整和改进,以适应问题的特性和需求。同时,多目标智能优化算法也需要与其他技术方法相结合,如与数学规划、启发式搜索等方法相结合,以提高算法的效率和准确性。

综上所述,整数规划、约束非线性规划、动态规划、多目标规划等规划论方法在工程设计与经济管理中均被广泛使用,但集装箱码头作业联合调度具有复杂、多流程、多作业面的特点,这些规划方法在建立优化模型的过程中存在平行与交叉,若单独使用会导致构建的优化模型具有一定的局限性。为此,本书尝试结合上述4种规划方法,建立集装箱码头作业联合调度优化模型,同时基于帕累托最优理论,利用线性加权方法与智能优化算法给予求解。

第3章　集装箱码头作业联合调度及其影响因素

集装箱码头作业联合调度具有多环节、多流程的特点,其影响因素众多,演化规律尚不明确。为了能够更好地构建一种新的集装箱码头作业联合调度管理方法,本章开展集装箱码头作业联合调度及其影响因素研究,为构建集装箱码头作业联合调度优化模型提供科学依据。

3.1　集装箱码头作业联合调度的对象

泊位、拖轮、岸桥、集卡作为集装箱码头的稀缺资源,其合理调度对于集装箱码头作业具有重要意义。为此,本章开展泊位调度、拖轮调度、岸桥调度、集卡调度及四者联合调度计划的影响分析。

3.1.1　泊位调度

泊位调度在码头控制过程中扮演着关键角色。码头作业流程始于泊位调度,其核心任务是制订科学、高效的泊位调度计划,并绘制详尽的每日泊位图,以精准管理船舶的靠泊和离泊操作。同时,由于船舶计划、堆场安排、控制室闸口管理等众多环节都是基于每艘船舶的特定航次展开的,因此,在计算机系统中为每艘船舶准确预设航次信息,成为码头作业顺利进行的先决条件。泊位调度人员不仅要精准设置船舶航次,还需深入了解挂靠码头的船公司及其航线运营情况,以便为码头及相关单位提供准确、及时的船舶和航线资料,助力码头高效、有序地运行。

泊位调度是一项至关重要的任务，旨在预先规划每天到港船舶的停泊位置。合理的泊位调度有助于各方提前了解船舶的预计到港时间及泊位安排，从而做好相应准备。同时，由于船舶的长度、泊位岸线长度、货物装载位置及货物在码头堆场的堆放位置等因素限制，泊位的安排并非随意。例如，如果 2 号泊位的岸线长度仅为 200 m，那么对于长度为 300 m 的船舶就无法安排在此泊位。另外，如果货物在堆场上的位置靠近 4 号泊位，则应避免将装货船舶安排在远离 4 号泊位的 1 号泊位，尽可能减少运输距离和时间，提高码头作业效率。因此，泊位调度的质量直接关乎船舶在港停留时间的长短和码头装卸作业的效率，最终影响整个集装箱码头货物运输的效率。

泊位调度方案的有效执行对于集装箱码头的顺畅运作至关重要。泊位调度员需具备优秀的沟通、协调和应变能力，以确保能够灵活调配码头的泊位和装卸资源，从而满足不同船舶的作业需求。其中，泊位分配图的编制是泊位调度工作的核心任务之一。在编制过程中，调度员需综合参考船公司的船期表、码头泊位布局、各航次的收发货箱情况、岸桥作业状态及维修计划等多重因素，确保泊位分配既符合实际需求，又能最大化利用码头资源，提升整体作业效率。

目前，泊位调度方案的制订虽然能够为到港船舶提供较为合理的靠泊计划，但随着码头规模的逐步扩大，到港船舶的不断增多，对集装箱码头泊位调度方案的制订要求会越来越高。如何制订综合考虑到港船舶尺寸、泊位尺度及更多相关影响因素的泊位调度方案，从而提高泊位的利用率，是制订泊位调度方案需重点关注的问题。

3.1.2 拖轮调度

靠、离泊作业是码头拖轮主要的作业方式，因其影响因素较多，复杂性较高，需制订特殊作业计划。而码头生产作业需各环节协同配合，上下游联合调度。码头管理人员通常基于泊位调度方案制订拖轮引航计划，需根据船舶信息，确定拖轮数量与类型，以及作业时间和地点，进而安排合适的拖轮，为船舶提供靠、离泊引航服务。

在拖轮的配置管理过程中，码头管理人员需从需求评估和拖轮配置两个方面综合考虑。在需求评估环节，码头管理人员应以码头整体目标为导向，充分考虑码头的实际情况，采用科学、客观的定性或定量方法，确保拖轮配置评估的公正性和准确性，避免个人主观因素对评估结果的影响，进而提升对拖轮配置需求的管理水平;在拖轮配置阶段,则应根据需求评估的结果,按照既定的配置计划流程逐步实施,直至达成配置目标;在配置过程中,还需加强对配置计划的执行监督与持续改进,及时反馈需求评估结果,以便不断完善和优化最初的需求评估计划,确保拖轮配置管理的持续优化和提升。

从全局视角审视,拖轮配置的全流程涵盖了配置需求评估、配置计划制订及配置作业实施三大关键环节。其中,拖轮配置需求评估作为一套系统性的解决方案,旨在明确并解决拖轮需求问题,它不仅是拖轮调度体系的重要组成部分,还能有效评估现有拖轮配置的合理性,并为未来的合理配置提供理论支撑,从而避免提供不适宜的拖轮服务。制订配置计划则是确保拖轮配置工作按计划有序推进的关键环节。它需要对配置过程中涉及的各项任务进行预先安排,同时针对可能出现的问题预留足够的时间与资源,以提供必要的保障。流程管理则致力于实现拖轮配置流程的规范化和灵活化,确保任务能够高效且可控地完成。此外,根据前后工作量合理安排计划时间,这有助于后续工作的顺畅衔接,从而进一步提升拖轮配置的效率。

在制订拖轮调度方案时,码头管理人员必须全面考虑码头各个要素之间的相互关联和相互影响。忽略这些内在的联系将导致调度方案的不完善。在管理制度和基本规则的指导下,各要素之间既存在交叉重叠,又紧密相连,彼此相互支持,共同保障整个码头作业流程的顺畅进行。因此,码头管理人员要全面分析各要素间的相互作用,确保调度方案的科学性和有效性。

现有拖轮调度方案的制订能够从需求评估和拖轮配置两个角度进行考虑,保障港口的高效运行,但如何在保证集装箱码头高效作业的前提下尽可能地节约码头成本,仍然是一个值得探讨的研究方向。

3.1.3 岸桥调度

岸桥的核心任务是处理集装箱的装卸作业,涵盖从船舶到水平运输设备,以及从水平运输设备返回至船舶的集装箱吊装工作。岸桥的作业计划通常由中控室在昼夜作业计划中精心策划并体现,旨在确保靠泊和离泊的船舶得到高效、优质的服务。计划涵盖了船舶装卸设备的合理分配(包括桥吊的使用)、确定每艘船舶所需的作业线数量,以及每条作业线配备的工人和设备的数量,进而确保码头装卸作业能够流畅、高效地进行。

在制订岸桥调度方案时,通常会安排多台岸桥分批次服务于同一艘船舶,以完成装卸作业。同时，同一台岸桥也会在计划周期内服务于多艘船舶。岸桥作为集装箱码头重要的重型专业设备，主要通过两根平行的固定轨道在码头方向进行横向移动作业。因此，在实际操作中，多台岸桥之间无法相互跨越，为确保作业安全，相邻岸桥之间会保持一定的安全距离。此外，同一贝位的不同任务也会根据优先级顺序进行安排。例如，通常岸桥会优先进行卸载作业，再进行装载作业。同时，基于堆场拥塞情况，具有相同目的地的任务可能不会在相同时间进行操作。岸桥调度的目标是在这些实际约束条件下，对岸桥进行合理分配，并确定其装卸顺序，以尽可能地缩短船舶在港时间，提高码头的装卸效率。

不同的岸桥调度方案会产生显著的调度效果差异，进而对集装箱码头的整体装卸效率产生深远影响。对于码头的装卸作业来说，岸桥的分配数量、每台岸桥的服务位置、服务优先级及服务时间等因素都是决定最终调度效果的关键因素。从航线运营的宏观视角来看，集装箱船的运输成本主要包括船舶航行成本和停留码头期间的相关成本两个方面。这两方面的成本相互关联、相互影响。以定期访问港口的班轮为例，合理的岸桥调度可以显著提升码头的运营效率，缩短船舶在港时间，从而为船舶开往下一个港口预留更多的时间。这样，船东就有机会采用更为经济且灵活的航速，进而降低油耗成本。反之，如果船舶航行时间过长，船舶在靠港后可能需要通过提高装卸作业效率来弥补失去的时间。然而，提高装卸效率往往意味着需要增加额外费用，这会导致航行成本的增加。因此，合理的岸桥调度方案对于降低码头整体装卸作业成本、提升船东满意度具有重要意义。

综上所述，对于集装箱码头作业而言，岸桥是连接水域与陆域的关键，其调度受到泊位调度与集卡调度的影响。如何制订综合考虑各部分影响因素的岸桥调度计划，仍是值得探索的方向。

3.1.4　集卡调度

集装箱码头常用的水平运输工具是集卡，它通常由牵引车和挂车组合而成，是连接堆场与泊位的关键枢纽。在堆场中，集卡以其灵活性和数量优势，在复杂的运输路况中发挥着重要作用。其主要功能是将集装箱从码头岸线运送至堆场进行存放，或者将集装箱从堆场运回码头岸线进行装船作业。集卡的作业计划由中控室负责制订，并融入整体的昼夜作业计划中，以确保为装卸作业的船舶配备适量且合适的集卡,并有效控制集卡总量,优化码头运营效率。

一个科学合理的集卡调度计划,能够为集卡提供更为优化的任务指派方案。在集装箱码头的装卸船作业过程中,码头管理人员需精心规划每个集装箱的堆存位置,并据此安排相应的集卡执行任务。例如,在进行码头卸船作业时,码头管理人员需要仔细考虑每个进口集装箱从船舶卸下后运输至堆场并妥善堆存的过程。由于每个集装箱在堆场都有多个可能的存放位置,因此在制订码头作业计划时,必须全面考虑该批次所有进口集装箱的装卸运输作业,包括作业间的相互影响及集卡的实际运输距离等因素,从而综合确定最优的集卡转运计划。

集卡负责在码头前沿利用岸桥将集装箱装车,并运输至进口集装箱堆场,再通过场桥等装卸设备完成卸车并堆存。在整个过程中,每辆集卡一次只能携带一个集装箱,因此需要详细规划每辆集卡的运输任务。目标是通过更加合理有效的集卡调度,优化集装箱的存放与提取流程,精确安排每辆集卡的执行任务,以提升集卡运输的整体作业效率,并降低作业成本。

现有的集卡调度能够保障集装箱在岸桥与场桥间的水平运输作业,但综合考虑集卡重载与空载速度的人为因素、分配合理的集卡数量仍需深入探究。

3.1.5 泊位-拖轮-岸桥-集卡联合调度计划

在集装箱码头运营中,泊位、拖轮、岸桥和集卡的联合调度及其耦合作用至关重要。这些因素之间的协同工作能够确保码头的高效运转,减少资源浪费,在提高装卸效率的同时提高泊位利用率,最终提升客户满意度。泊位-拖轮-岸桥-集卡联合调度耦合影响关系图如图 3-1 所示。以下是对这些因素及其耦合作用的分析。

1. 泊位分配与联合调度的耦合

泊位是集装箱船舶停靠和装卸货物的场所,合理的泊位分配能够最大化利用码头资源,减少船舶等待时间。在联合调度中,泊位分配需要考虑船舶的到港时间、船舶大小、装卸量及岸桥的可利用性。

2. 拖轮在联合调度中的角色

拖轮主要负责引导船舶安全靠泊和离泊。拖轮的调度需要与泊位分配紧密配合,确保船舶能够及时、准确地停靠到指定泊位。拖轮的及时服务能够减少船舶在港口的停留时间,提高码头的整体运营效率。

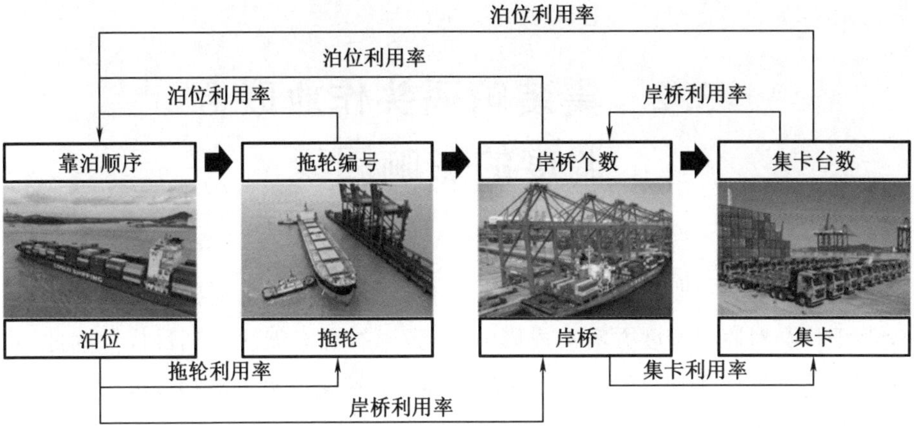

图 3-1 泊位-拖轮-岸桥-集卡联合调度耦合影响关系图

3. 岸桥调度与联合调度的关系

岸桥是集装箱装卸的垂直运输设备,其调度需要根据泊位上停靠的船舶及装卸需求进行合理分配。在联合调度中,岸桥的数量和位置需要根据实际情况进行动态调整,以确保装卸作业的高效进行。

4. 集卡在联合调度中的角色

集卡是承担集装箱在码头陆域场区内水平运输的设备,其调度需要与岸桥、泊位等紧密配合,确保集装箱能够及时、准确地运输到指定位置。在联合调度中,集卡的数量和路线需要根据装卸需求、码头总平面布置等因素进行合理规划。

5. 耦合作用分析

泊位、拖轮、岸桥和集卡之间的耦合作用体现在它们之间的相互依赖和协作关系上。任何一个环节的失误都可能导致整个调度系统的效率下降。通过优化联合调度策略,可以确保这些因素之间的协同工作达到最佳状态,从而提高码头的整体运营效率。

综上所述,集装箱码头的泊位、拖轮、岸桥和集卡的联合调度及其耦合作用对于提高码头运营效率至关重要。通过优化这些因素的协同工作,集装箱码头可以减少资源浪费、提高装卸效率,并最终提升客户满意度。

3.2 集装箱码头作业联合调度的影响因素

集装箱码头作业联合调度方案在执行过程中,经常受到各种因素的干扰。这些干扰会对原有调度方案造成影响,导致原有方案无法达到最优。因此,对其进行适当处理,制定行之有效的应对策略,能够获得更灵活的调度方案,以满足集装箱码头作业要求。

潮汐的涨落不仅直接关系到码头的可用水深,影响船舶的顺利靠泊与离泊,还关系到装卸设备的作业条件及货物的运输效率。深入分析潮汐变化,有助于更加精准地预测码头的作业能力,进而制订合理的作业计划和调度策略,这不仅能提升码头作业的效率,保障船舶的按时进出港,还能有效降低安全风险,确保码头的安全稳定运营。船舶的到港时间直接影响码头的作业计划与资源配置,特别是对泊位调度与拖轮调度方案的制订造成较大影响,若船舶到港时间出现偏差,可能导致码头作业秩序混乱,影响装卸效率,甚至造成资源浪费。集卡运输效率对集装箱码头作业联合调度的影响分析至关重要,人为因素(如驾驶员操作、调度员决策等)直接关系到集卡运输的效率和安全性。若人为因素处理不当,可能导致运输延误、资源浪费,甚至引发安全事故。

因此,深入分析潮汐变化、船舶到港时间偏差与集卡运输效率对集装箱码头作业联合调度的影响,有助于码头制订更加灵活、高效的联合调度方案,对于确保集装箱码头作业顺利进行、提高码头整体运营效率具有重要意义。

3.2.1 潮汐变化影响

潮汐现象主要源于月球和太阳的引力影响。月球引力和离心力的综合作用,是海水涨落的关键驱动力。由于地球各海域与月球、太阳的相对位置各不相同,因此所受到的引力存在差异,进而引发海水的相对运动。除了月球和太阳的引力,地球与月球、地球与太阳在围绕共同质心运动时所产生的惯性离心力也起到相应作用。这种引力和离心力的合力被称为引潮力,由其引发的海面升降现象被称为天文潮。

此外,受台风、寒潮等天气引发的大风和气压急剧变化,海面水位也会出现异常升降,这一现象称为风暴潮。周期性的潮汐不仅会对码头的航行安全产生影响,同时也会对码头的作业运营造成一定的影响。这些影响具体表现为以下两个方面。

1. 潮汐与码头航行安全

潮汐导致的港口水位的升降具有明显的规律性。在高潮期,港口的水位会上升,为船只的进出提供了更大的航行深度。这对于大型货船的进港操作尤为重要,能够确保船只在潮汐升高时安全通过潮汐门。而在低潮期,水位下降,可能造成浅滩等障碍,增加了船只搁浅的风险,限制了船只的操作能力。同时潮汐的周期性变化还会对港口水流产生重要影响。在潮汐变化过程中,水流的方向和速度都会发生变化,这对于港口码头的运营和货物装卸等有重要影响。在涨潮期,水流速度较快,可以加速货物的进出港,提高港口的运营效率。而在落潮期,水流速度较慢,可能会导致堆积在港口附近的渣土和废物无法顺利排出,影响港口环境。因此,潮汐的周期性变化会直接或间接地对进出港船舶的安全航行产生较大影响,主要包含以下几个方面。

(1)潮汐导致的水位变化对船舶的航行安全产生直接影响

水位的变化改变了水域的深度和宽度,从而影响了航线的选择和船舶的航速。特别是在狭窄的水道或河口地区,水位的快速变化增加了船舶触礁、搁浅或与其他船舶碰撞的风险。因此,船舶在航行过程中需要密切关注潮汐的变化,并根据实际情况调整航速和航向,确保航行安全。

(2)潮汐对水流的影响也与船舶的安全有关

在某些港口,潮汐变化会引起明显的潮流现象,包括漩涡和横流等,这会干扰船舶的正常航行。漩涡是由于水流的旋转运动而形成的,它会改变船舶的运动方向,甚至可能导致船舶失控。横流则是潮汐引起的水平方向的流动,当船舶遇到横流时,可能会被推离航道或与其他障碍物碰撞。因此,船舶在航行过程中需要了解当地的水流状况,并采取相应的措施来应对水流的影响。

(3)潮汐对码头锚地的设施安全产生影响

码头、灯桩、浮筒等设施需要承受潮汐引起的水流和波浪的作用力。如果设施的设计或维护不当,可能会导致设施损坏或失效,从而影响船舶的航行安全。因此,港口管理机构需要定期检查和维护相关设施,确保其处于良好的工作状态。

(4)潮汐对船舶的操纵会产生影响

在进出港过程中,船舶需要遵循一定的航线和速度限制。然而,潮汐的变化可能会使船舶的位置和航向发生偏移,增加船员操纵船舶的难度。特别是对于大型船舶,由于其惯性较大,对潮汐的反应更为敏感。因此,船员需要具备丰富的经验和熟练的操纵技能,能够根据潮汐的变化及时调整航向和速度,确保船舶的安全进出。

(5)潮汐可能间接影响船舶的航行安全

潮汐引起的水位变化可能影响助航设施的可见度和可用性。在低潮时,一些助航设施可能被水掩盖,导致失去导航标志;而在高潮时,标志可能被淹没或漂浮起来,给航行带来风险。此外,港口周围的环境因素(如水文、地质和气象条件等)也可能与潮汐相互作用,进一步增加船舶航行的复杂性。

综上所述,潮汐对码头船舶航行安全的影响是多方面的、复杂的。为了确保船舶的安全航行,码头工作人员需要充分了解潮汐的规律和特点,采取有效的措施应对潮汐的影响。这包括但不限于合理规划航线、加强助航设施的管理和维护、提高船员的操纵技能和安全意识等。通过综合性的措施和长期的实践经验积累,码头工作人员可以降低潮汐对码头船舶航行安全的影响,确保航行的安全、高效和顺利。

2. 潮汐与码头作业运营

潮汐的周期性变化会对码头的作业效率、码头设施的稳定性和安全性、码头的货物吞吐量、码头的安全管理等方面产生影响,因此,码头工作人员需明确产生影响的机理,进而提高码头的装卸作业效率。

(1)潮汐会影响码头的作业效率

由于潮汐的涨落会导致水位变化,这直接影响到船舶靠泊和货物装卸作业。在低潮期,由于水深不足,导致船舶无法靠泊,或者货物需要更长的运输距离,这不仅增加了成本,还可能影响作业效率。因此,码头工作人员需要根据潮汐规律合理安排作业时间,并提前做好调度工作,以提高作业效率。

(2)潮汐对码头设施的稳定性和安全性有影响

潮汐的涨落会导致水流对码头设施的冲刷作用增强,如果码头设计或建设不合理,或者维护不到位,可能会导致设施损坏或失效。例如,防波堤是保护码头不受海浪冲击的重要设施,如果防波堤的设计或建设没有充分考虑潮汐的影响,可能会导致其失效或被冲毁。因此,码头工作人员需要定期检查和维护相关设施,确保其处于良好的工作状态。

(3)潮汐可能影响码头的货物吞吐量

由于潮汐会影响船舶的航行和靠泊时间,因此也会影响码头的货物吞吐量。如果码头工作人员能够根据潮汐规律合理安排作业时间,并提前做好调度工作,就可以最大限度地利用潮汐变化来提高码头的货物吞吐量。

(4)潮汐对码头的安全管理有影响

在潮汐变化较大的时间段内,水流变得更加复杂,增加了船舶航行和靠泊的难度。如果码头工作人员的操作不当或缺乏经验,可能会导致船舶碰撞、货物损坏或人员伤亡等事故。因此,码头工作人员需要加强安全培训和技能提升,确保具备足够的经验和技能来应对潮汐变化带来的挑战。

为了确保码头的稳定、安全和高效运营,码头工作人员需要充分了解潮汐的规律和特点,采取有效的措施应对潮汐的影响。这包括但不限于合理规划作业时间、加强设施的维护和管理、提高码头工作人员的安全意识和技能等。通过综合性的措施和长期的实践经验积累,码头工作人员可以降低潮汐对码头运营的影响,提高码头的运营效率和安全性。

码头工作人员可以借助现代科技手段来更好地应对潮汐的影响。例如,可以利用卫星遥感技术实时监测水位和潮流情况,为决策提供科学依据;可以利用智能化的码头管理系统合理安排作业计划和调度方案;可以利用大数据分析和人工智能技术预测潮汐规律与趋势,提前做好应对措施等。通过科技手段的应用和创新,码头工作人员可以进一步提高码头的运营效率和安全性,降低潮汐对码头运营的影响。

综上所述,潮汐变化对集装箱码头作业调度具有重要影响,但目前对相关方面的研究十分有限,在码头作业调度优化模型建立过程中计入潮汐变化,特别是在制订泊位调度方案时考虑潮汐对于大型船舶进出港时间的影响,对于制订一个更符合实际情况的集装箱码头作业联合调度计划具有重要的意义。

3.2.2 船舶到港时间偏差影响

在集装箱码头作业中,船舶到港时间的准确性对于整体作业效率具有至关重要的影响。然而,由于各种内外部因素,如天气、交通状况、船舶自身问题等,船舶到港时间往往会出现偏差。这种偏差不仅会对码头的作业调度造成干扰,还可能给整个物流链条带来连锁反应,增加不必要的成本和风险。

1. 对作业计划的影响

集装箱码头通常会根据预计的船舶到港时间制订详细的作业计划,包括装卸设备、人员配置、堆场空间等方面的安排。一旦船舶到港时间出现偏差,原有的作业计划就会被打乱,导致设备闲置、人员等待、堆场空间无法得到合理利用等问题。这不仅会降低码头的作业效率,还可能增加运营成本。

2. 对堆场管理的影响

集装箱码头需要合理规划堆场空间,以便在船舶到港后能够迅速完成货物的装卸和转运。船舶到港时间偏差可能导致原本预留的堆场空间无法及时利用,造成空间浪费。同时,为了应对可能的偏差,码头可能需要增加额外的堆场空间作为缓冲,这无疑会增加码头的运营成本。

3. 对设备与人员调度的影响

集装箱码头需要配备足够的装卸设备和人员来满足船舶的装卸需求。船舶到港时间偏差可能导致设备和人员的调度出现混乱。如果船舶提前到港,而设备和人员尚未准备就绪,将导致延误和效率低下。反之,如果船舶延迟到港,可能导致设备和人员的闲置,造成资源浪费。

4. 对物流效率的影响

船舶到港时间偏差可能给整个物流链条带来连锁反应。如果船舶延迟到港,可能导致后续的转运、内陆运输等环节也受到影响,造成物流成本的增加和物流效率的降低。对于依赖准时到达的货物来说,这种延误可能导致交货期的延迟,进而影响客户的满意度和企业的声誉。

综上所述,船舶到港时间偏差对集装箱码头作业调度的影响不容忽视,通过统计规律描述到港时间偏差,提高作业效率和服务质量,降低运营成本和风险,是一个值得探讨的方向。

3.2.3 集卡运输效率影响

集卡作为集装箱码头内部运输的主要工具,其运输速度对集装箱码头的作业效率和联合调度具有重要的影响。集卡运输时的随机因素较多,特别是人为因素在集卡运输速度中起到了关键的作用,本节将从多个方面对人为因素如何影响集装箱码头作业联合调度进行深入分析。

1. 驾驶员操作习惯

驾驶员是控制集卡运输速度的关键因素。驾驶员的操作习惯、驾驶技能及对路况的熟悉程度都会直接影响集卡的运输效率。优秀的驾驶员能够准确判断行驶速度,有效避免急加速、急刹车等行为,从而减少车辆的磨损和故障率,提高集卡的平均运输速度。反之,操作不当的驾驶员可能导致集卡速度波动大,增加安全隐患,并影响码头的整体作业效率。

2. 安全意识与交通规则的遵守

驾驶员的安全意识和遵守交通规则的行为对集卡运输速度有着不可忽视的影响。安全意识强的驾驶员驾驶经验丰富,能够提高运输效率,而忽略安全规则的驾驶员可能会因为超速、越界等行为被处罚,不仅影响了集卡自身的运输效率,还可能对码头的整体作业计划造成影响。

3. 沟通与协作能力

在集装箱码头的联合调度中,集卡驾驶员与其他作业人员的沟通及协作至关重要。驾驶员需要准确理解调度员的指令,与其他车辆保持良好的协作关系,以确保集装箱能够按照计划及时、准确地完成转运。如果驾驶员沟通不畅或协作能力不强,可能会导致集卡运输过程混乱和延误,进而影响整个码头的作业效率。

4. 工作态度与责任心

驾驶员的工作态度和责任心也是影响集卡运输速度的重要因素。对工作认真负责的驾驶员会时刻保持警惕,确保集卡以最佳状态运行。而工作态度消极、责任心不强的驾驶员可能会对工作敷衍了事,从而引发集卡运输过程中的各种问题,进而影响码头的作业效率。

综上所述,人为因素对集卡运输速度的影响不容忽视,进而会影响集装箱码头整体装卸计划的制订。如何在制订集装箱码头作业联合调度方案的过程中利用统计规律,以降低人为因素对集卡运输速度的影响,是一个值得深入研究的问题。

3.3 集装箱码头作业联合调度模型的优化目标

集装箱码头作业联合调度的过程应充分考虑港口利益、船东利益和环境保护的必要性。港口利益是码头运营的基石,通过优化作业流程、提高装卸效率等措施，可以降低成本、增加吞吐量，从而为企业创造更多利润。船东利益是指在保障集装箱码头运行的同时考虑船东的利益最大化。而环境保护则是码头可持续发展的重要保障，通过减少污染排放、推广清洁能源等措施，可以保护生态环境，实现绿色发展。因此，集装箱码头在作业过程中需要全面考虑三者之间的平衡与协同，以实现港口利益、船东利益和环境保护的最大化。这不仅有利于码头的长期发展，也符合社会可持续发展的要求。

到港船舶作为集装箱码头的服务对象，其在港时间具有重要的研究价值。一方面，船舶在港时间能够反映集装箱码头作业效率，同时也是评价船东利益的重要指标。拖轮作为集装箱码头的重要组成部分，其燃油成本是集装箱码头的重要开销之一。将拖轮燃油成本纳入集装箱码头作业联合调度的目标，不仅能够反映拖轮作业对集装箱码头运营成本的影响，还可以评估燃油消耗对集装箱码头的环境影响。岸桥与集卡的装卸会消耗电力和燃油，并产生较大的碳排放量。因此，在集装箱码头作业时，应充分考虑二者对环境的影响是非常必要的。对此，本节将船舶在港时间、拖轮燃油成本、岸桥碳排放量、集卡碳排放量作为集装箱码头作业联合调度目标，并开展具体分析。

3.3.1 船舶在港时间目标

船舶在港时间是指船舶在进入港口后，进行锚地等待、进出港航道、靠/离泊、装卸作业等操作直至船舶离港的时间总和，是衡量码头运营效率的重要指标之一。船舶在港时间的长短反映了码头运营的效率和码头对船舶的吸引力。较短的船舶在港时间意味着码头具有较高的运营效率，能够更快地处理船舶的装卸货作业，以减少船舶的等待时间，提高码头的吞吐量。同时船舶在港时间对码头的盈利能力和声誉也有影响。如果船舶在港时间过长，会导致码头船舶排队等待时间增加，泊位利用率降低，进而影响码头的盈利能力和市场竞争力。此外，过长的船舶在港时间也会增加船舶的运营成本，降低船舶的运输效率，进而影响货物的流通效率和供应链的稳定性。

船舶在港时间对港口吞吐量有着显著的影响。当船舶在港时间较长时，会导致港口吞吐能力的损失，因为船舶在港时间的增加会导致船舶等待时间的增加，进而降低船舶的周转率。同时，过长的船舶在港时间也可能导致货物的滞留和积压，增加货主的物流成本和仓储成本，降低货物的市场竞争力。

船舶在港时间的长短，势必会影响集装箱码头该批次到港船舶整体运营周期,并持续影响后续批次船舶调度安排。如果船舶在港等待时间过长,一方面会导致船舶的调度计划被打乱,增加船舶的调度难度;另一方面会影响船舶的装卸作业计划,增加货物的运输成本和仓储成本。与此同时,如果船舶在港时间停留过长,会延误泊位、岸桥等码头设施的使用,造成集装箱码头不必要的成本与损失。

因此,船舶在港时间对集装箱码头具有重要意义,在集装箱码头资源联合调度的过程中需着重考虑。集装箱码头需要采取有效措施缩短船舶在港时间,提高运营效率和服务质量,提升集装箱码头的吞吐能力,降低码头成本,增强服务能力,以吸引更多的船公司和货主选择该码头进行装卸作业,从而实现吞吐量的持续增长和市场竞争力的提升。

3.3.2 拖轮燃油成本目标

拖轮燃油成本在集装箱码头的日常运营中扮演着至关重要的角色。它不仅直接关系到码头的运营成本,还对整个码头的运营效率、环保减排、竞争力提升及可持续发展等方面产生深远影响。

(1)拖轮燃油成本是集装箱码头运营成本的重要组成部分。有效控制燃油成本,意味着码头能够在保证服务质量的同时,减少不必要的开支,从而确保整体运营利益。

(2)优化拖轮燃油消耗有助于提高码头的作业效率。通过提高燃油利用效率,拖轮能够更加快速地完成集装箱的装卸和运输任务,缩短船舶在港时间,进而提升整个码头的吞吐量。

(3)降低拖轮燃油成本还有助于实现环保减排目标。随着全球对环境保护意识的加强,减少燃油消耗意味着减少温室气体排放,这对于集装箱码头来说,不仅是履行社会责任的体现,也是适应未来绿色发展趋势的必然要求。

(4)从竞争力的角度来看,有效控制拖轮燃油成本能够提升集装箱码头的市场竞争力。在同等条件下,燃油成本更低的码头能够在价格上获得优势,吸引更多船东和货主选择其作为合作伙伴。

(5)拖轮燃油成本的控制与管理对于集装箱码头的可持续发展具有重要意义。通过持续改进燃油使用技术、提高燃油利用效率、推广清洁能源等措施,码头不仅能够降低运营成本,还能够为未来的绿色、低碳发展奠定基础。

因此,集装箱码头应当重视拖轮燃油成本管理,采取有效措施降低燃油成本,以提高港口的利益。

3.3.3 岸桥碳排放量目标

随着全球气候变化和环境问题日益突出,碳排放量已经成为衡量一个企业或项目可持续性的重要指标。对于集装箱码头而言,岸桥碳排放量不仅关乎港口利益,更直接关系到码头的社会声誉、环境形象及未来的可持续发展。

(1)降低岸桥碳排放量是集装箱码头实现绿色、低碳转型的关键。通过采用先进的节能技术、优化作业流程等措施,可以有效减少岸桥在作业过程中的碳排放,从而降低对环境的负面影响。

(2)减少岸桥碳排放量有助于提升集装箱码头的国际竞争力。随着全球贸易的不断发展,越来越多的船东和货主开始关注码头的环保表现。低碳、环保的码头更容易获得国际市场的认可,从而吸引更多的合作伙伴。

(3)降低岸桥碳排放量还符合社会和政府对环境保护的要求。随着全球环保意识的增强,政府正逐步加强对碳排放的监管和限制。集装箱码头作为重要的物流枢纽,积极响应环保政策,降低碳排放量,有助于树立良好的企业形象,并避免潜在的政策风险。

(4)通过降低岸桥碳排放量,集装箱码头可以为实现全球碳减排目标做出贡献。作为全球物流链的重要一环,集装箱码头在减少碳排放方面具有举足轻重的作用。通过技术创新和作业调度过程中的管理优化,码头可以在确保运营效率的同时,为全球碳减排事业做出积极贡献。

因此,集装箱码头应当高度重视对岸桥碳排放量的管理和控制,采取切实有效的措施降低碳排放,来实现可持续发展。

3.3.4 集卡碳排放量目标

集卡作为集装箱码头物流运作的核心环节之一,其水平运输会带来大量的二氧化碳排放,因此,其碳排放量的降低对集装箱码头乃至整个物流行业的可持续发展具有重要意义。

(1)降低集卡碳排放量有助于减少整体物流运作的环境影响。集装箱码头作为岸桥与堆场物流链中的关键节点,其运作效率与环保性能直接影响整个物流系统的可持续发展。通过减少集卡碳排放量,可以降低整个物流系统的环境影响,以推动绿色物流的发展。

(2)降低集卡碳排放量有助于提升集装箱码头的利益。随着环保政策的不断加强和市场对绿色物流的需求增加,低碳、环保的物流运作方式逐渐成为竞争优势。通过减少集卡碳排放量,降低集卡水平运输过程中的能源消耗,集装箱码头可以降低运营成本,提高能源利用效率,从而增强自身的市场竞争力。

(3)降低集卡碳排放量还有助于提升集装箱码头的社会声誉和形象。随着公众对环保问题关注度的不断提高,企业的环保表现已经成为衡量其社会责任和形象的重要标准。集装箱码头通过减少集卡碳排放量,可以展示其在环保方面的积极态度和行动,以树立良好的社会形象,提高公众信任度。

(4)降低集卡碳排放量也是集装箱码头响应全球气候变化和碳减排目标的实际行动。集装箱码头作为物流行业的重要组成部分,应当承担起减少碳排放、推动可持续发展的责任。通过技术创新和管理优化,降低集卡的碳排放量,可以为全球碳减排目标做出积极贡献。

因此,集装箱码头应当重视在作业调度过程中对集卡碳排放量的管理和控制,采取切实有效的措施降低碳排放,以推动绿色、低碳的物流发展。

3.4 集装箱码头作业联合调度模型的约束条件

在集装箱码头作业联合调度的过程需遵循其自然和客观逻辑的约束,以满足实际需求。为此,本节从集装箱码头作业流程出发,分别开展船舶靠离泊过程、拖轮作业过程、岸桥装卸过程、集卡调度过程的约束条件分析。

3.4.1 船舶靠离泊过程约束

集装箱船在到达港口后,需根据预先制订的泊位调度方案,为到港船舶安排靠泊位置、靠泊时间与离泊时间。船舶依据上述信息进行靠离泊作业,主要包括通过港外锚地等待、通过引航道进港、港内锚地等待、利用回旋水域靠泊、装卸作业结束离泊、通过引航道离港等多个过程,需遵循以下条件。

1. 自然时间条件

在遵循自然时间条件方面,集装箱船在靠离泊过程中存在操作的前后顺序,这与自然时间密切相关。因此在制订调度计划时,需严格遵循自然时间条件约束。在集装箱船靠泊过程中,船舶进入引航道的时间应早于船舶靠泊时间,船舶靠泊的时间应在船舶离开引航道的时间之后,船舶开始装卸作业时间应晚于船舶的靠泊时间;在集装箱船离泊过程中,船舶离泊时间应晚于船舶结束装卸作业时间,船舶进入引航道时间应迟于船舶离开泊位时间,船舶离港时间应晚于船舶驶出引航道时间。对于同一批次船舶,靠泊顺序靠前的船舶进港时间应早于靠泊顺序靠后的船舶进港时间。

2. 船舶尺度与泊位尺度

船舶尺度是指船体外形大小的主要尺度,通常包括船长、船宽、型深、吃水和干舷高度,是计算船舶各种性能参数、衡量船舶大小、核收各种费用,以及检查船舶是否能够通过船闸、运河等限制航道、停靠泊位的依据。泊位尺度主要包括泊位长度、泊位宽度和泊位水深 3 个方面。在制订集装箱码头作业计划的过程中,需要确保船舶的尺度与所停靠泊位的尺度相匹配,以保障船舶在码头停靠作业的安全。

3. 泊位停靠

在遵循泊位停靠要求方面,在同一时刻,每个泊位只允许停靠一艘船舶,同时根据实际情况,船舶只允许在固定泊位靠泊一次。

3.4.2 拖轮作业过程约束

在集装箱船靠离泊作业的过程中,需借助拖轮通过拖曳或顶推的方式进行引航操作,并遵循以下条件。

1. 可作业拖轮数量

在遵循可作业拖轮数量要求方面,由于集装箱码头的拖轮总数是固定的,因维修、维护等原因,可作业拖轮数量往往小于码头拖轮总数。在同一时刻内,同时作业的拖轮应小于此时集装箱码头可作业拖轮数量。

2. 所服务船舶最小马力值

根据服务船舶尺度与吨位的不同,需要拖曳或顶推拖轮的马力值也不同,若马力值过小,则可能会导致动力不足,使辅助靠离泊困难,可能会造成作业危险。因此,在制订拖轮调度计划的过程中,码头管理人员应考虑到港集装箱船的实际情况，满足其最小马力值要求，保障靠离泊作业的安全进行。

3.4.3　岸桥装卸过程约束

船舶靠泊后，集装箱码头根据岸桥调度，为每一艘集装箱船提供装卸岸桥，以为船舶提供装卸作业服务。制订岸桥调度计划的过程需遵循的条件如下。

1. 自然时间条件

集装箱船靠泊后，岸桥开始装卸作业服务，直至完成装卸作业，岸桥服务结束，船舶离港。因此，岸桥服务时间应在集装箱船开始作业与结束作业的时间区间内，不能超过此时间范围。

2. 岸桥数量

在集装箱码头前沿，岸桥总数是固定的，在同一时刻内，正在进行装卸作业的岸桥数量应小于集装箱码头岸桥总数。

3. 岸桥服务

在装卸服务过程中，每个岸桥在同一时刻只能允许为同一艘船舶进行装卸作业服务，且满足集装箱船所允许的最大与最小岸桥数的要求。由于岸桥是在码头前沿同一轨道上横向移动，因此在制订岸桥调度计划过程时，必须考虑实际情况，避免其跨越其他岸桥进行装卸作业操作。在邻近泊位的岸桥处于空闲状态时，工作人员可移动邻近泊位的岸桥进行辅助装卸作业，以提高此泊位装卸作业的效率。

3.4.4　集卡调度过程约束

集装箱一方面需通过岸桥完成垂直方向运输，另一方面需通过集卡进行水平方向运输。集装箱码头需根据装卸需要，确定集卡调度方案。制订集卡调度计划过程需遵循的条件如下。

1. 可作业集卡数量

在遵循可作业集卡数量要求方面，由于集装箱码头的集卡总数是固定的，因维修、维护等原因，可作业集卡数量往往小于码头集卡总数。在同一时刻，同时作业的集卡应小于此时集装箱码头可作业集卡数量。

2. 集卡运输

集卡在进行集装箱水平运输的过程中，其运输速度根据集卡实际条件确定,运输时间根据运输距离与运输速度计算所得。通常来说,因集卡质量受限,空箱运输与重载运输速度不同,导致其运输时间存在差异,在制订调度计划时,需分别进行考虑。同时,由于岸桥在装卸过程中,集装箱完成垂直方向运输后直接通过集卡进行水平方向运输,因此集卡的调度直接影响岸桥的作业效率,二者需统筹协同考虑。

第4章 集装箱码头作业联合调度优化模型

有效的泊位、拖轮、岸桥与集卡的联合调度优化方法，是提高集装箱码头管理运营效率的重要手段，为获得一个更优质、成本更低廉、发展更绿色的调度方案，本章基于第3章的理论研究成果，计入潮汐变化、船舶到港时间偏差和集卡运输效率的耦合影响，确定模型优化变量、目标函数与约束条件，建立TAH-BUQCT集装箱码头联合调度优化模型。

4.1 问题描述

集装箱运输专用船舶可分为吊装式和滚转式两种类型，二者装卸工艺相差较大。其中吊装式集装箱船较为普遍，该方式装卸量较多，通常需利用码头装卸设备完成作业过程。滚装式集装箱船无须码头装卸机械，装卸流程较快，但由于与车辆一起运输，船舶空间利用率低，所需面积较大。本章主要针对吊装式装卸工艺进行简要介绍。集装箱码头装卸流程图如图4-1所示。

吊装式装卸工艺主要分为“船舶→岸桥→集卡→叉车（或正面吊）→堆场”“船舶→岸桥→跨运车→堆场”“船舶→岸桥→集卡→龙门起重机→堆场”“船舶→岸桥→底盘车→堆场”4种方式。对于吞吐量较大的集装箱码头而言，“船舶→岸桥→集卡→龙门起重机→堆场”装卸工艺较为常用。该装卸工艺是指岸桥将集装箱从集装箱船吊下后，放置于集卡上，由集卡将货物搬运至堆场，再由堆场的龙门起重机（场桥）从集卡上卸下，在跨距内的场地码垛，如图4-2所示。本章主要针对“船舶→岸桥→集卡→龙门起重机→堆场”装卸工艺开展研究。

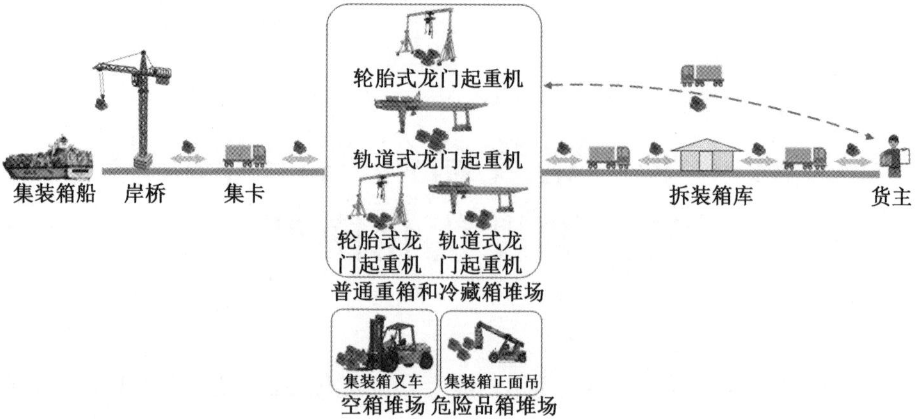

图 4-1　集装箱码头装卸流程图

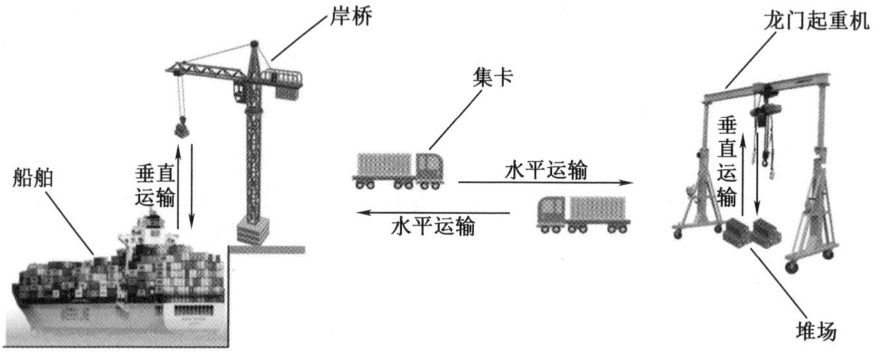

图 4-2　“船舶→岸桥→集卡→龙门起重机→堆场”装卸工艺

集装箱码头作业是采用大规模机械化生产方式进行的,要求各作业流程、各作业面紧密配合以提高装卸系统的效率。这就要求集装箱码头的各子系统有机结合起来,形成一个多环节、多流程、多作业面的有机整体,以此来降低集装箱码头成本,缩短船舶靠泊时间、拖轮作业时间、岸桥作业时间、集卡运输时间,以降低码头的碳排放量,实现港口利益、船东利益和环境保护的平衡。不同码头的装卸机械不同,作业流程环节亦不相同,本章所要研究的“船舶→岸桥→集卡→龙门起重机→堆场”装卸工艺,因具有装卸效率高、场地利用率高、调度灵活性好等优势被世界港口广泛使用。集装箱码头的优化调度主要是解决如何提高“船、箱、车”之间的周转效率、降低码头运营成本的问题,同时还需兼顾对环境的污染。实际装卸作业是一个连续协同的流程,各环节间可能会出现如下相互干扰或制约的现象。

(1)当多艘船舶到港时,因到港顺序不同,采用的装卸机械会不同,这会对装卸结束的时间产生影响。

(2)在集装箱水平运输作业的过程中,港内集卡到达的及时率会直接影响岸桥的装卸效率,若集卡到达的及时率较低,岸桥等待时间会加长,实际装卸作业效率会下降。

(3)在集装箱水平运输作业的过程中,集卡到达的及时率又受到集装箱堆场场桥的装卸效率的影响,若场桥装卸效率较低,会导致集卡及时率下降。

(4)集装箱堆场场桥的作业效率又受作业面分布的影响,起吊设备的工作序列与类型均会对效率产生影响。

集装箱码头主要包括岸边运作、堆场运作、港内交通、闸口检验 4 个子系统。本章将着重对集装箱码头岸边运作子系统和堆场运作子系统进行研究,主要包括泊位、拖轮、岸桥、集卡的联合调度分配问题。

泊位、拖轮、岸桥和集卡作为集装箱码头作业调度的稀缺资源,其合理的资源调配会提高集装箱码头生产作业效率,降低集装箱码头作业成本;反之,若不能很好地调配集装箱码头资源,会导致码头作业出现作业流程混乱、分工调配不明确等问题。在集装箱码头作业调度中,码头管理人员应计入更多的因素,特别是应考虑码头各资源的联合调度,避免出现单一调度所导致的资源调配不一致而引发作业流程冲突的问题。同时,计入更多的因素可获得更贴合集装箱码头作业实际情况的调度方案,避免因调度方案脱离实际而无法有效使用的问题,特别是潮汐与船舶到港时间偏差会干扰泊位和拖轮调度计划的制订,以及集卡运输速度的人为因素会对岸桥与集卡调度产生影响,综合计入三者耦合影响的集装箱码头作业调度方案显得尤为重要。

为了获得一个优质的调度方案,研究人员需建立一个集装箱码头作业联合调度优化模型,以更好地描述集装箱码头作业联合调度过程。在优化模型建立过程中,单一目标的优化模型虽能够较容易地获得该目标的调度计划,但集装箱码头作业是一个复杂系统,需综合考虑更多因素的综合影响,单一目标难以满足当前集装箱码头作业联合调度的要求。为此,研究人员需建立一个考虑更多因素的多目标集装箱码头作业联合调度优化模型,以便集装箱码头管理人员获取成本更低廉、效果更优质的集装箱码头作业联合调度方案。

集装箱码头作业实际场景如下。

通常船舶抵达码头前,会为码头提供船期计划,码头管理人员会根据预期船舶到港时间,制订码头装卸作业调度计划,其中包括泊位调度计划、拖轮分配计划、岸桥分配计划、集卡调度计划等。图 4-3 展示了船舶从发布船期计划、抵达港口、停泊、装卸直至离港的一系列流程。船舶在靠泊与离泊时均需要拖轮的协助,而在停泊期间,则需要分配一定数量的岸桥进行装卸作业。值得注意的是,岸桥的装卸效率会受到集卡调度策略的影响。船舶在港的总时长为其到港后的等待时间与实际的靠泊装卸作业时间之和。对于集装箱码头作业调度的优化分配,其核心在于通过安排合理的靠泊顺序,分配适合的泊位,配备恰当的拖轮、岸桥与集卡数量,来最大限度地缩短船舶在港时间。这不仅能提升船舶的周转利用率和船东的满意度,还有助于降低码头的运营成本,并在一定程度上减少碳排放,达到环境友好的运营目标。

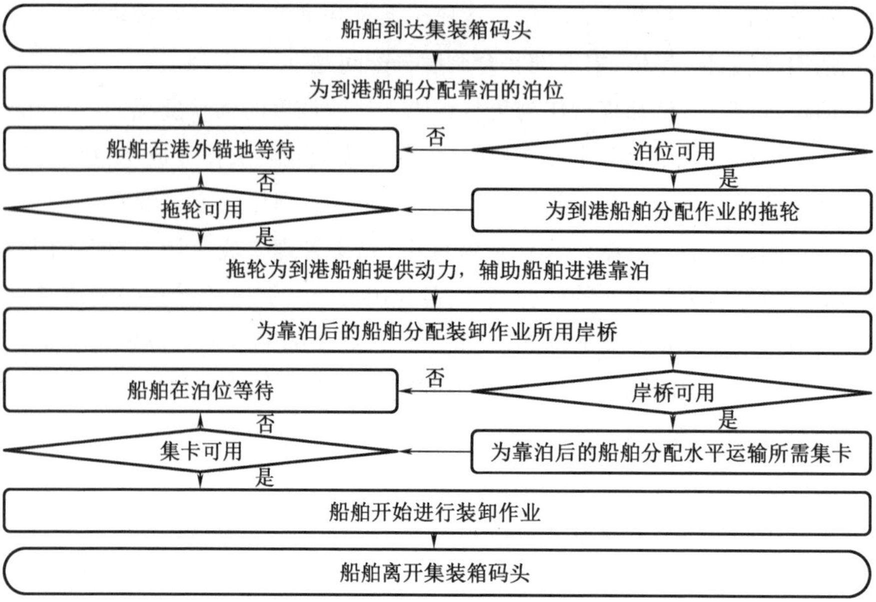

图 4-3　集装箱船装卸作业过程简图

4.2 模型的假设条件与变量

4.2.1 假设条件

在构建 TAH-BUQCT 模型时，本章分别从船舶靠泊过程角度、拖轮角度、泊位角度、岸桥角度和集卡角度提出以下假设条件。

（1）假设船舶到港提供码头预计到港时间，但船舶实际到港时间由于人为、气象等环境因素干扰有所偏差，偏差时间服从埃尔朗分布。

（2）考虑潮汐变化对船舶进出港口的影响，大型船舶只允许在乘潮水位进入港口，并每艘船舶进出航道时间相等且为固定常数。

（3）假设每一个高、低水位时间窗的时间段长度相等，且为固定常数。

（4）考虑每艘船舶需利用拖轮作业进行靠泊与离泊操作，拖轮马力需满足船舶所需最小马力要求。

（5）船舶的靠泊泊位为离散型泊位，泊位长度、宽度、水深满足船舶要求。

（6）每艘船舶只允许靠泊一次且靠泊后不可移动泊位。

（7）船舶开始作业后，所分配的岸桥工作效率保持不变。

（8）船舶所分配的岸桥数满足船舶允许分配的最大与最小岸桥数的要求。

（9）假设岸桥空闲时可以移动至邻近泊位，但不允许岸桥跨越其他岸桥移动（不考虑岸桥移动过程消耗的时间）。

（10）船舶开始装卸作业后，考虑多个岸桥因同时作业造成的互相干扰。

（11）考虑集卡行驶速度受到人为因素干扰，服从正态分布。

（12）假设集装箱堆场场桥数量足够且装卸作业效率保持不变。

（13）考虑港口利益随机性因素，假设船舶在港时间成本、船舶未在偏好泊位而引起的集卡额外运距成本、拖轮作业单位时间成本及岸桥作业单位时间成本具有随机性。

4.2.2 变量与参数

TAH-BUQCT 模型应用参数按集合、优化变量、输入变量、从属变量和 0-1 变量分类设置如下。

1. 集合

V——船舶集合，$V=\{1,\ 2,\cdots,\ v\}$；

B——泊位集合，$B=\{1,\ 2,\cdots,\ b\}$；

C——岸桥集合，$C=\{1,\ 2,\cdots,\ c\}$；

U——拖轮集合，$U=\{1,\ 2,\ \cdots,\ u\}$；

Y——集卡集合，$Y=\{1,\ 2,\ \cdots,\ y\}$；

T——时间集合，$T=\{1,\ 2,\ \cdots,\ t\}$；

V^L——到港大船集合；

VO——船舶驶入港口顺序集合；

VB——靠泊泊位序号集合；

VU——作业拖轮数量集合；

VC——分配于船舶的作业岸桥数量集合

CK——分配于岸桥的作业集卡数量集合；

VK——作业集卡数量集合。

2. 优化变量

VO_i——船舶 i 的靠泊顺序；

VB_i——船舶 i 的靠泊泊位；

VU_{i1}——服务于船舶 i 靠泊过程的拖轮编号；

VU_{i2}——服务于船舶 i 离泊过程的拖轮编号；

VC_i——服务于船舶 i 的岸桥数量；

VK_i——服务于船舶 i 的集卡数量。

3. 输入变量

W——每一个高/低水位时间窗的长度；

R——足够大的整数；

M——集装箱码头拥有可作业集卡的总数；

η——岸桥间相互影响效率折减系数；

TO_i——船舶 i 预计到港时间；

CE_0——单台岸桥理论工作效率；

CF_0——单台场桥理论工作效率；

TW_0——船舶最大等待时间；

VL_i——船舶 i 的长度；

VD_i——船舶 i 的吃水；

VE_i——船舶 i 运载的集装箱数量；

BL_j——泊位 j 的长度；

BD_j——泊位 j 的吃水；

DS_{ij}——船舶 i 停靠在堆场 j 与目标堆场的距离；

VCm_i——船舶 i 被允许服务岸桥数量的下限；

VCM_i——船舶 i 被允许服务岸桥数量的上限；

UH_l——拖轮 l 可提供的马力值；

VUH_i——拖轮协助船舶 i 操作所需的最小马力值；

DT_i——船舶 i 需要拖轮协助作业的距离；

C_i——船舶 i 作业时拖轮作业单位时间产生的燃油成本。

4. 从属变量

TA_i——船舶 i 的实际到港时间；

TB_i——船舶 i 于靠泊过程驶入航道的时间，即拖轮在船舶进港过程开始作业时间；

TC_i——船舶 i 于靠泊过程驶出航道的时间，即拖轮在船舶进港过程结束作业时间；

TS_i——船舶 i 开始装卸作业的时间；

TD_i——船舶 i 结束装卸作业的时间；

TV_i——邻近泊位，岸桥为船舶 i 开展辅助装卸作业的开始时间；

TE_i——船舶 i 于离泊过程驶入航道的时间，即拖轮在船舶出港过程开始作业时间；

TF_i——船舶 i 离开港口的时间，即拖轮在船舶出港过程结束作业时间；

TH_{ij}——船舶 i 于泊位 j 空载卡车前往目标堆场所花费的时间；

TL_{ij}——船舶 i 于泊位 j 重载卡车前往目标堆场所花费的时间；

VC_{it}——在时刻 t 服务于船舶 i 的岸桥数量；

CK_{nt}——在时刻 t 服务于岸桥 n 的集卡数量；

CE_n——单个岸桥实际装卸作业效率；

D_{l}——卡车重载的总里程数；

D_{k}——卡车空载的总里程数；

t_η——卡车的总闲置时间；

v_{h}——卡车空载的速度；

v_{l}——卡车重载的速度；

VUS_t——在 t 时刻，港口水域作业拖轮数量。

5. 0-1 变量

$$x_{ijk}=\begin{cases}1 & \text{假如船舶 } i \text{ 按靠泊顺序 } k \text{ 停靠在 } j \text{ 泊位}\\ 0 & \text{其他}\end{cases};$$

$$q_{itn}=\begin{cases}1 & \text{假如岸桥 } n \text{ 在时刻 } t \text{ 服务于船舶 } i\\ 0 & \text{其他}\end{cases};$$

$$\mu_{iu}=\begin{cases}1 & \text{船舶 } i \text{ 在第 } u \text{ 个高水位时间窗驶入航道}\\ 0 & \text{其他}\end{cases};$$

$$\nu_{iu}=\begin{cases}1 & \text{假如船舶 } i \text{ 在第 } u \text{ 个高水位时间窗驶出航道}\\ 0 & \text{其他}\end{cases}。$$

船舶靠泊过程与离港过程部分时间变量说明如图 4-4 所示。

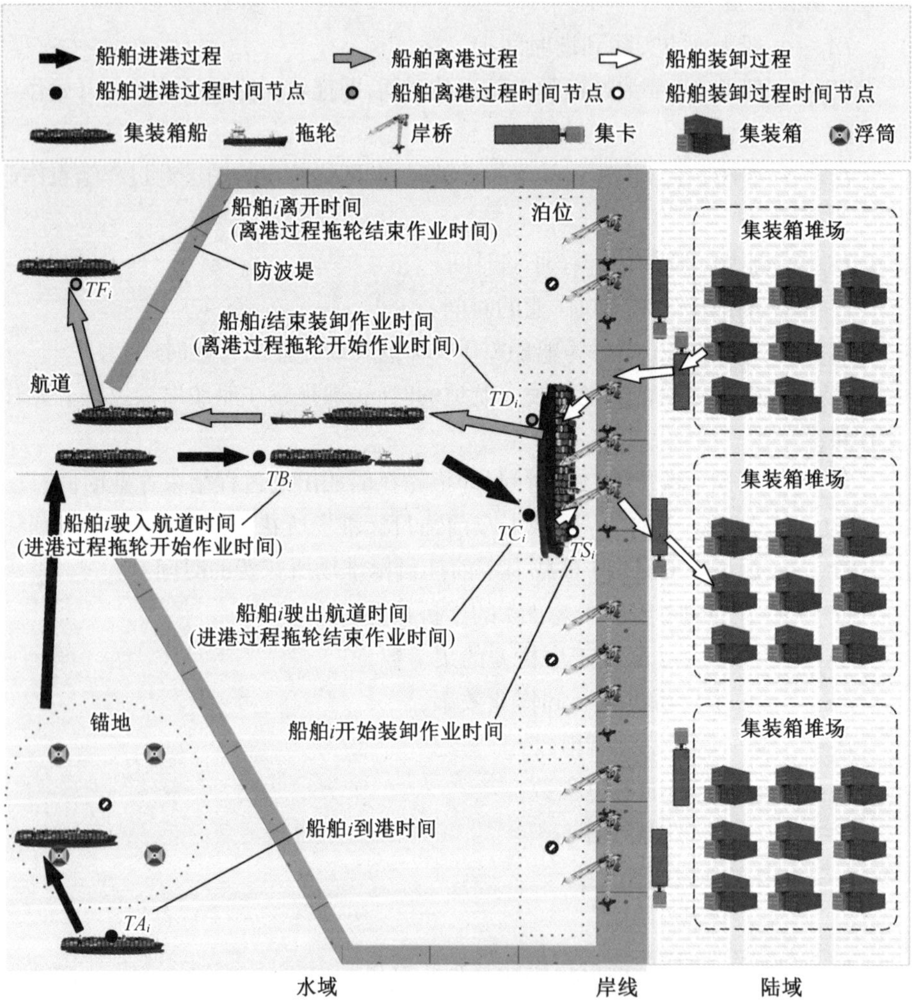

图 4-4　船舶靠泊过程与离港过程部分时间变量说明

4.3　模型中影响因素的表达方法

4.3.1　潮汐变化的表达方法

海洋上周而复始的潮汐运动会对集装箱码头的生产作业带来一定的影响。例如，大型船舶可利用高水位（即乘潮水位）进出港口，同时，需根据潮水的方向决定船舶靠泊和离泊的方向。一方面，码头因设计成本有限，码头规模不大，因港内航道尺度受限，到港大型船舶需利用乘潮水位进入港口，以满足吃水要求；另一方面，随着造船业的迅猛发展，相关技术已取得了巨大突破，集装箱船的尺寸和载重量不断提升，随之增大的船舶吃水深度让集装箱码头航道难以满足要求。基于上述两方面原因，让大型船舶利用乘潮水位进入港口进行靠离泊作业仍是港口的不二之选，为此，集装箱码头在调度过程中，需考虑潮汐变化对其的影响，使得建立的 TAH-BUQCT 模型具有更强的适用性。

为了更好地描述潮汐变化对集装箱码头的影响，本节根据到港大船的吃水深度和潮汐变化周期时间表，制定水位时间窗规则。先将集装箱码头作业调度计划分割为若干个相等的时间段，若在某个时间段内，水位可以满足大型船舶吃水要求，则该时间段为高水位时间窗，此时的水位又可称为乘潮水位；反之，若水位不能满足大型船舶的吃水要求，则该时间段为低水位时间窗。由于潮汐为周期性变化，因此，高/低水位时间窗交替出现，遍历时间近似相等。高/低水位时间窗示意图如图 4-5 所示。

图 4-5　高/低水位时间窗示意图

基于上述时间窗制定规则，大型船舶可利用高水位时间窗借助拖轮进入港口；反之，当港口处于低水位时间窗时，大型船舶进港靠泊前需在港外锚地等待，离港前需在港内锚地等待，直至水位上升至高水位后，方可借助拖轮靠泊或离港。

4.3.2 船舶到港时间偏差的表达方法

集装箱码头船舶到港是一种计划性较强且有组织的预约行为，但因在海上航行过程中，风、浪、流、气象等因素，船舶到港时间会与船东提供的预计到港时间存在一定的偏差。对于码头而言，偏差会扰乱现有的生产调度计划；对于船东而言，偏差会导致货物延期交付，对信誉产生一定的影响。为此，本章考虑集装箱码头船舶实际到港时间偏差，并将偏差统计规律应用于码头调度过程中，这对于提高码头生产管理水平，提升码头调度效率，具有重要的意义。

Song 等（2019）从集装箱班轮的运行特点出发，通过数据分析和研究表明，介于随机到定长的埃尔朗分布，与集装箱船舶相继到港时间间隔偏差时间的规律具有相似的特征。因此，本章考虑埃尔朗分布函数分析到港船舶时间偏差，探究内在影响规律，应用于码头调度过程中，实现对码头偏差的优化。埃尔朗分布概率密度函数如图 4-6 所示。

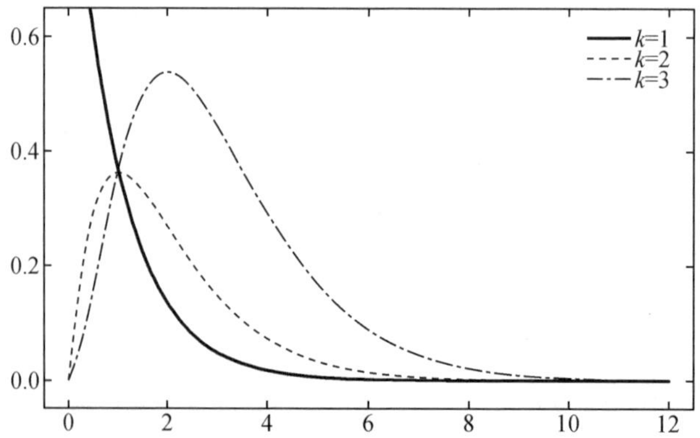

图 4-6 埃尔朗分布概率密度函数

埃尔朗分布具有两个参数 θ 和 k，θ 控制缩放，$k>0$ 表示指数变量的数量（整数）。其表达式如下：

$$x = \sum_{i=1}^{k} y_i,\ y_i \sim \exp \tag{4-1}$$

概率密度函数如下：

$$f(x)=\frac{x^{k-1}\theta^{k}e^{-\theta x}}{(k-1)!},\ x\geqslant 0 \tag{4-2}$$

由此可得，埃尔朗分布函数为

$$F(x)=1-e^{-\theta x}\sum_{j=0}^{k-1}\frac{(\theta x)^{j}}{j!},\ x\geqslant 0 \tag{4-3}$$

埃尔朗变量期望为

$$E(x)=kE(y)=\frac{k}{\theta} \tag{4-4}$$

埃尔朗变量方差为

$$V(x)=kV(y)=\frac{k}{\theta^{2}} \tag{4-5}$$

4.3.3　集卡运输效率的表达方法

集卡是集装箱码头重要的水平运输设备之一，其调配的合理性将极大地影响码头装卸速度、堆场利用率和码头生产作业成本。而集卡的行驶速度因人为操作因素，会导致码头装卸调度计划出现偏差，为此，本章尝试建立集卡运输效率的数学模型，探究其内在规律，为集装箱码头作业联合调度提供技术保障。

根据上海港集装箱码头实际作业数据的统计规律，集卡在完成运输任务的行驶时间基本上符合正态分布规律 $N(\mu, \sigma)$，其参数均值 μ 和标准差 σ 可通过码头统计抽样获取。为此，本书尝试采用正态分布描述集卡速度分布规律。正态分布概率密度函数如图 4-7 所示。

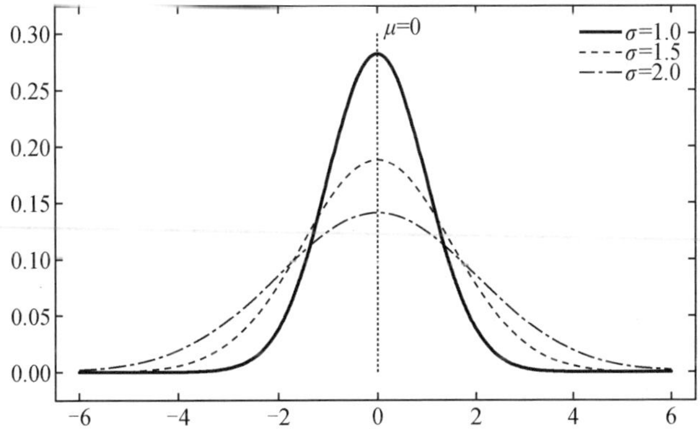

图 4-7　正态分布概率密度函数

正态分布又称高斯分布，均值 μ 决定了分布的位置，标准差 σ 决定了分布的幅度，其表达式如下：

$$X \sim N(\mu,\sigma^2),Y=\frac{X-\mu}{\sigma} \sim N(0,1) \tag{4-6}$$

其概率密度函数为

$$f(x)=\frac{1}{\sigma\sqrt{2\pi}}\exp\left[-\frac{(x-\mu)^2}{2\sigma^2}\right] \tag{4-7}$$

4.4 模型的优化变量与目标函数确定

4.4.1 优化变量

本章考虑能够在潮汐变化、船舶到港时间偏差以及集卡运输效率耦合影响下，给予集装箱码头一个具有自洽性的多目标函数的调度方案，其中包含泊位的分配、拖轮的调配、岸桥的选取、集卡的调度。为此，本章选取 V 艘船舶的靠泊次序（VO）、靠泊泊位编号（VB）、拖轮分配方案（VU）、分配岸桥数（VC）和分配集卡数（VK）为 TAH-BUQCT 模型的优化变量，以期获得一个泊位-拖轮-岸桥-集卡联合调度方案。

4.4.2 目标函数

港口利益、船东利益和环境保护是码头调度需要考虑的核心要素，降低集装箱运行成本、提高利润是码头的核心利益。提高船东利益能够提升码头的综合竞争力，能够保证码头的可持续发展；环境保护能够更符合当今时代绿色低碳的理念。因此，在调度过程中，码头管理人员应综合考虑上述三者对作业调度的影响，平衡三者协同耦合关系。为此，本章以船舶在港时间最短、拖轮燃油成本最小、集卡碳排放量最小、岸桥碳排放量最小为目标函数，构建 TAH-BUQCT 模型。TAH-BUQCT 模型的目标函数可由下式确定：

$$F=\min(\omega_1 c_1 F_1+\omega_2 c_2 F_2+\omega_3 c_3 F_3+\omega_4 c_4 F_4) \tag{4-8}$$

式中 F——目标函数；

F_1、F_2、F_3 和 F_4——4 个子目标函数；

ω_1、ω_2、ω_3 和 ω_4——权重调节因子；

c_1、c_2、c_3 和 c_4——量级平衡系数。

集装箱码头船舶在港时间最短、碳排放量最小、成本最低是最理想的状态，但各指标间相互制约，甚至是此消彼长的关系。例如，减少船舶在港时间需要提高装卸效率，但势必会提高岸桥的作业成本，进而提高码头的碳排放量。所以在制订码头调度方案的过程中，码头管理人员需根据不同时期的不同需求，制订不同的调度方案，对某一指标进行特别的关注。为此，本章考虑采用线性加权法求解多目标优化模型，引入权重调节因子 ω_1、ω_2、ω_3 和 ω_4，通过人为干预，满足码头不同时期的不同需求。权重调节因子应满足下式：

$$\omega_1+\omega_2+\omega_3+\omega_4=1 \tag{4-9}$$

另外，考虑到各影响因素间因量级不同所导致的对目标函数的影响力存在差异，因此引入量级平衡系数，以保证各子目标函数影响权重相当。量级平衡系数因码头规模不同而产生不确定性，应由具体算例子目标函数取值确定。本章建议取值为 $c_1=1\ 000$、$c_2=1$、$c_3=1$、$c_4=1$。

1. 子目标函数 F_1 的确定

考虑船东与集装箱码头的综合利益，以船舶在港时间最小作为 TAH-BUQCT 模型的第一个子目标函数，减少船舶在港时间，提高码头装卸效率，提升船东的满意度。TAH-BUQCT 模型子目标函数 F_1 由下式确定：

$$F_1=\frac{1}{v}\left[\sum_{i=1}^{v}(TF_i-TA_i)\right] \tag{4-10}$$

式中 F_1——第一个子目标函数，h；

TF_i——船舶 i 离港时间，h；

TA_i——船舶实际到港时间，h。

2. 子目标函数 F_2 的确定

在船舶靠泊或离泊过程中，由于船舶较为庞大，操作灵活性较低，为了避免泊位因船舶碰撞损坏，需借助拖轮完成相应操作。而拖轮作业所消耗的燃油成本是集装箱码头作业成本较大开销之一。因此，拖轮作业过程中所产生的燃油成本被确定为第二个子目标函数，可按下式表示：

$$F_2=\min\left\{\sum_{i=1}^{v}C_i[(TC_i-TB_i)+(TF_i-TE_i)]\right\},\quad \forall i\in V \tag{4-11}$$

式中 F_2——第二个子目标函数,元;

C_i——船舶 i 作业时拖轮作业单位时间产生的燃油成本,元/h;

TC_i——船舶 i 靠泊时间,即船舶 i 靠泊过程中拖轮结束作业时间,是 h;

TB_i——船舶 i 允许靠泊时间,即船舶 i 靠泊过程中拖轮开始作业时间,h;

TF_i——船舶 i 离港时间,即船舶 i 离港过程中拖轮结束作业时间,h;

TE_i——船舶 i 驶出航道时间,即船舶 i 离港过程中拖轮开始作业时间,h。

3. 子目标函数 F_3 的确定

岸桥作为集装箱码头重要的组成部分,其碳排放量是衡量码头装卸作业对周边环境造成污染的重要指标之一。由于岸桥作业产生的碳排放量与消耗电能正相关,因此在降低岸桥碳排放量的同时,能够间接节约码头成本。为此,本章将岸桥碳排放量最小作为 TAH-BUQCT 模型的第三个子目标函数。岸桥碳排放量计算方法可由岸桥装卸作业时工作能耗、岸桥待机状态下工作能耗与岸桥移动作业工作能耗三部分组成,其可由下式确定:

$$F_3 = E_1\left\{ \lambda_1 \sum_{i=1}^{v} \left[(TD_i - TS_i) \cdot VC_i + (TD_i - TV_i) \cdot \Delta VC_{it} \right] + \lambda_2 \sum_{i=1}^{v} \Delta VC_{it} \right\} \tag{4-12}$$

式中 F_3——第三个子目标函数,kg;

E_1——电网基准排放因子,kg/(kW·h);

λ_1——岸桥工作时工作能耗,(kW·h)/h;

λ_2——岸桥待机状态下工作能耗,(kW·h)/h;

TD_i——船舶 i 结束装卸作业时间,h;

TS_i——船舶 i 开始装卸作业时间,h;

VC_i——预定装卸作业岸桥数量,台;

t——邻近泊位岸桥移动协助船舶 i 装卸作业岸桥时间点,h;

ΔVC_{it}——邻近泊位岸桥在 t 时刻移动协助船舶 i 进行装卸作业岸桥数量,台;

TV_i——船舶 i 装卸作业过程中,邻近泊位岸桥协助开始装卸时间,h。

4. 子目标函数 F_4 的确定

集装箱码头在运行过程中,既应保证码头的利益,又应满足当今“双碳”战略的要求。本章以集卡碳排放量最小作为 TAH-BUQCT 模型的第四个子目标函数，可以减少码头集卡的燃油消耗，进而降低集装箱码头集卡作业碳排放量，并间接控制集装箱码头集卡作业成本。TAH-BUQCT 模型子目标函数 F_4 由集卡空载行驶碳排放量、集卡重载行驶碳排放量与集卡怠速行驶碳排放量三部分组成，可由下式表示：

$$F_4 = E_1(\rho_l D_l + \rho_k D_k + \eta t_\eta) \tag{4-13}$$

式中 F_4——第四个子目标函数，kg；

E_1——集卡碳排放系数，kg/L；

D_l——集卡空载行驶总里程，km；

D_k——集卡重载行驶总里程，km；

η——怠速耗油率，L/h；

t_η——集卡怠速行驶总时间，h；

ρ_l、ρ_k——集卡空载与满载时燃油消耗率，L/km，由速度 v 和载重量 l 确定，可由下式计算：

$$\rho(v,l) = av^2 + bv + cl + dvl + e \tag{4-14}$$

式中 a、b、c、d 和 e——常系数，取 $a=0.02$，$b=-1.67$，$c=0.46$，$d=0.03$，$e=51.17$。

4.5 模型的约束条件确定

本书根据集装箱码头的实际情况，主要从船舶靠离泊过程、拖轮作业过程、岸桥装卸过程、集卡调度过程 4 个方面确定 TAH-BUQCT 模型的约束条件。

4.5.1 船舶靠、离泊过程的约束条件

根据船舶在港外锚地等待、通过引航道进港、港内锚地等待、利用回旋水域靠泊、装卸作业结束离泊、通过引航道离港等多个过程，确定船舶靠、离泊过程的约束条件，以满足实际需求。船舶靠、离泊过程的约束条件被确定如下：

$$TA_i = TO_i + \Delta TA_i, \ \forall i \in V \tag{4-15}$$

$$\Delta TA = f_{\text{Erlang}}(k_{TA}, \mu_{TA}) \tag{4-16}$$

$$TB_i \geqslant TA_i, \ \forall i \in V \tag{4-17}$$

$$TC_i = TB_i + TG_{i1}, \forall i \in V \tag{4-18}$$

$$TG_{i1} = \frac{DS_i}{\sum_{l \in VU_{i1}} \frac{UH_l}{VUH_i}}, \forall i \in V \tag{4-19}$$

$$TS_i \geqslant TC_i, \forall i \in V \tag{4-20}$$

$$TS_i - TA_i \leqslant TW_i, \forall i \in V \tag{4-21}$$

$$TD_i - TS_i = \frac{VE_i}{CE_n \times \sum_{t \in T} VC_{it}}, \forall i \in V \tag{4-22}$$

$$TE_i \geqslant TD_i, \forall i \in V \tag{4-23}$$

$$TF_i = TE_i + TG_{i2}, \forall i \in V \tag{4-24}$$

$$TG_{i2} = \frac{DS_i}{\sum_{l \in VU_{i2}} \frac{UH_l}{VUH_i}}, \forall i \in V \tag{4-25}$$

$$2(u-1)W - R(1-\mu_{iu}) \leqslant TB_i \leqslant (2u-1)W - TG_0 + R(1-\mu_{iu}), \forall i \in V^L \tag{4-26}$$

$$2(u-1)W - R(1-\nu_{iu}) \leqslant TE_i \leqslant (2u-1)W - TG_0 + R(1-\nu_{iu}), \forall i \in V^L \tag{4-27}$$

$$\sum_{u \in T} \mu_{iu} = 1, \forall i \in V^L \tag{4-28}$$

$$\sum_{u \in T} \nu_{iu} = 1, \forall i \in V^L \tag{4-29}$$

$$\sum_{j=B} \sum_{k \in VO} (x_{ijk} \times BD_j) \geqslant VD_i, \forall i \in V \tag{4-30}$$

$$\sum_{j=B} \sum_{k \in VO} (x_{ijk} \times BL_j) \geqslant VL_i, \forall i \in V \tag{4-31}$$

$$\sum_{i \in V} x_{ijk} \leqslant 1, \forall j \in B, k \in VO \tag{4-32}$$

$$\sum_{j=B} \sum_{k \in VO} x_{ijk} = 1, \forall i \in V \tag{4-33}$$

$$x_{ijk} \times TA_i \leqslant x_{i'j(k+1)} TA_{i'}, \forall i, i' \in V, j \in B, k \in VO \tag{4-34}$$

(1)约束式(4-15)表示船舶实际到港时间计算方法。

(2)约束式(4-16)表示船舶进港时间偏差应满足埃尔朗分布。

(3)约束式(4-17)表示船舶入港时,驶入航道时间大于船舶到港时间。

(4)约束式(4-18)表示船舶从航道驶出时间计算方法。

(5)约束式(4-19)表示船舶在靠泊过程中拖轮作业所需时间。

(6)约束式(4-20)表示船舶装卸作业时间应大于船舶驶出航道时间。

(7)约束式(4-21)表示船舶等待时间不应大于船舶等待时间阈值。

(8)约束式(4-22)表示船舶实际装卸作业时间计算方法。

(9)约束式(4-23)表示船舶驶离集装箱码头时,驶入航道时间应大于船舶离开泊位时间。

(10)约束式(4-24)表示船舶驶离集装箱码头时,船舶驶出航道时间计算方法。

(11)约束式(4-25)表示船舶在离泊过程中拖轮作业所需时间。

(12)约束式(4-26)至式(4-29)表示船舶受到潮汐变化影响,大型船舶仅允许在乘潮水位通过航道驶入集装箱码头。

(13)约束式(4-30)至式(4-31)表示船舶停靠泊位应满足船舶吃水深度与船舶长度要求。

(14)约束式(4-32)表示每个泊位在同一时刻只允许一艘船舶进行装卸作业。

(15)约束式(4-33)表示船舶 i 以 k 顺序在 j 泊位靠泊次数仅有一次。

(16)约束式(4-34)表示如果船舶 i 和船舶 i' 的靠泊顺序分别为 k 与 $k+1$,那么船舶 i 的进港时间早于船舶 i'。

4.5.2 拖轮作业过程的约束条件

根据船舶借助拖轮辅助作业进出港的过程,基于拖轮可作业数目和作业所需最小马力值确定约束条件如下:

$$VUS_t \leqslant u \tag{4-35}$$

$$\sum_{l \in VU_i} UH_l \geqslant VUH_i, \forall i \in V \tag{4-36}$$

(1)约束式(4-35)要求每一时刻正在工作的拖轮总数不得超过码头可利用拖轮的总数。

(2)约束式(4-36)要求作业于船舶 i 的全部拖轮产生的马力值满足船舶 i 所需最小马力值的需求。

4.5.3 岸桥装卸过程的约束条件

根据船舶在装卸作业过程中,岸桥的服务对象、服务时间、装卸效率,确定约束条件如下:

$$0\leqslant\sum_{i\in 1}^{v} q_{itn}\leqslant 1,\ \forall n\in C,\ \forall t\in T \tag{4-37}$$

$$\sum_{n\in 1}^{c} q_{itn}\,(t-TS_i)(TD_i-t)\geqslant 0,\ \forall i\in V,\ \forall t\in T \tag{4-38}$$

$$\sum_{n\in 1}^{c} q_{itn} = VC_{it},\ \forall i\in V,\ \forall t\in T \tag{4-39}$$

$$VCm_i\leqslant\sum_{n\in C} q_{itn}\leqslant VCM_i,\ \forall i\in V \tag{4-40}$$

$$\sum_{i=1}^{v}\sum_{n=1}^{c} q_{itn}\leqslant c,\ \forall t\in T \tag{4-41}$$

$$\Delta VC_{it}=VC_{it}-VC_{it-1}\geqslant 0,\ \forall i\in V,\ \forall t\in T \tag{4-42}$$

$$q_{it(n-1)}+q_{it(n+1)}-q_{itn}=\begin{cases}-1\\0\\1\end{cases},\ \forall i\in V, n-1、n、n+1\in C,\ \forall t\in T \tag{4-43}$$

(1)约束式(4-37)表示每一个岸桥在同一时刻只能为一艘船舶进行装卸作业服务。

(2)约束式(4-38)表示岸桥在船舶 i 的作业时间应当在开始装卸作业时间 TS_i 和结束装卸作业时间 TD_i 之间。

(3)约束式(4-39)表示为船舶 i 服务的岸桥与分配给船舶 i 进行装卸作业的岸桥数相等。

(4)约束式(4-40)表示满足船舶装卸作业最大岸桥数与最小岸桥数要求。

(5)约束式(4-41)表示集装箱码头正在进行装卸作业岸桥数量小于集装箱码头岸桥总数。

(6)约束式(4-42)表示定义邻近泊位岸桥空闲时,移动辅助船舶 i 装卸作业岸桥增加数量计算方法。

(7)约束式(4-43)表示岸桥不允许跨越其他岸桥移动。

4.5.4 集卡调度过程的约束条件

根据集卡在调度过程中可调度作业总数、运输时间、运输速度等多个方面,以及码头实际情况,确定集卡调度过程的约束条件如下:

$$\sum_{n=1}^{c} CK_{nt}\leqslant M \tag{4-44}$$

$$TH_{ij}=\frac{DS_{ij}}{v_h},\ \forall i\in V,\ j\in B \tag{4-45}$$

$$TL_{ij}=\frac{DS_{ij}}{v_l},\ \forall i\in V,\ j\in B \tag{4-46}$$

$$v_h\sim N(v_h;\mu_{vh},\delta_{vh}^2) \tag{4-47}$$

$$v_l\sim N(v_l;\mu_{vl},\delta_{vl}^2) \tag{4-48}$$

$$CE_n=\frac{CK_{nt}}{\max\left(TH_{ij}+TL_{ij}+\frac{1}{CF_0},\frac{CK_{nt}}{CE_0}\right)},\forall n\in C,t\in T \tag{4-49}$$

(1)约束式(4-44)表示 t 时刻正在工作集卡数量不应超过集装箱码头可利用集卡总数。

(2)约束式(4-45)至式(4-46)表示船舶 i 停靠在 j 泊位时空箱与重载运输时间。

(3)约束式(4-47)至式(4-48)表示集卡空载与重载速度服从正态分布。

(4)约束式(4-49)定义岸桥装卸作业由于受到集卡影响,岸桥实际装卸效率计算方法。

4.5.5 0-1 变量的约束条件

0-1 变量的约束条件如下:

$$x_{ijk}\in\{0,1\},\forall i\in V \tag{4-50}$$

$$q_{in}\in\{0,1\},\forall i\in V,\ n\in C \tag{4-51}$$

$$\mu_{iu}\in\{0,1\},\forall i\in V \tag{4-52}$$

$$\nu_{iu}\in\{0,1\},\forall i\subset V \tag{4-53}$$

约束式(4-50)至式(4-53)定义0 1变量。

4.6 模型的从属变量设计

本章基于集装箱码头实际业务流程,梳理变量间关系,确定从属变量取值。从属变量确定步骤如下。

步骤1 初始化。令 $i=1$,转入步骤2。

步骤2 调取数据。按靠泊顺序 VO_i,依次获取靠泊顺序为 i 的船舶靠泊泊

位 VB_i、服务于船舶 i 靠泊过程的拖轮编号 VU_{i1}、服务于船舶 i 离泊过程的拖轮编号 VU_{i2}、分配岸桥数 VC_i 和分配集卡数量 CK_n,转入步骤 3。

步骤 3　计算船舶实际到港时间。根据式(4-15)和式(4-16),确定船舶 i 实际到港时间,转入步骤 4。

步骤 4　判断船舶类型。若船舶 i 为大船,转入步骤 5,否则转入步骤 7。

步骤 5　判断此时水位是否能满足大船通航。若此时正处于高水位时间窗,转入步骤 7,否则,转入步骤 6。

步骤 6　确定船舶需等待水位升高情况下靠泊过程驶入航道时间(即拖轮开展作业时间)。船舶 i 处于港外锚地等待直至高水位时间窗,船舶 i 开始在拖轮 VU_{i1} 辅助作业下驶入航道,确定并记录船舶 i 靠泊过程驶入航道时间(即拖轮在船舶进港过程开始作业时间)TB_i,转入步骤 8。

步骤 7　确定船舶驶入航道时间。船舶 i 开始在拖轮 VU_{i1} 辅助作业下驶入航道,确定船舶 i 靠泊过程驶入航道时间(即拖轮在船舶进港过程开始作业时间)TB_i,转入步骤 8。

步骤 8　计算船舶驶出航道时间。根据式(4-18)计算并记录船舶 i 靠泊过程驶出航道时间(即拖轮在船舶进港过程结束作业时间)TC_i,转入步骤 9。

步骤 9　判断泊位空闲情况。若船舶 i 靠泊泊位 VB_i 空闲,转入步骤 10,否则,转入步骤 11。

步骤 10　确定船舶开始装卸作业时间。船舶 i 靠泊,更新泊位 VB_i 的使用状态,记录靠泊船舶 i 靠泊时间 TS_i,转入步骤 12。

步骤 11　确定需锚地等待船舶开始装卸作业时间。船舶 i 在港内锚地等待直至泊位 VB_i 空闲,船舶 i 靠泊,更新泊位 VB_i 使用状态,记录船舶 i 靠泊时间 TS_i,转入步骤 12。

步骤 12　判断岸桥是否满足预定要求。若船舶 i 靠泊泊位 VB_i 及其相邻泊位的连续空闲岸桥数满足 VC_i 的要求,转入步骤 13,否则转入步骤 14。

步骤 13　计算岸桥满足预定要求情况下船舶结束装卸作业时间。根据式(4-49)计算岸桥实际装卸效率 CE_n。根据式(4-22)计算并记录船舶装卸服务完成时间 TD_i,更新泊位和岸桥空闲时间,转入步骤 15。

步骤 14　计算岸桥未满足预定要求情况下船舶结束装卸作业时间。根据式(4-49)计算岸桥实际装卸效率 CE_n。记录此时可以进行装卸作业的岸桥数为 VC_{it},待相邻岸桥空闲后,在满足岸桥连续性约束的条件下,根据式(4-22)计算并记录船舶装卸作业服务完成时间 TD_i,更新泊位和岸桥空闲时间,转入步骤 15。

步骤 15　判断船舶类型。若船舶 i 为大船,转入步骤 16,否则转入步骤 18。

步骤 16　判断此时水位是否能满足大船通航。若此时正处于高水位时间窗,转入步骤 18,否则,转入步骤 17。

步骤 17　确定等待水位升高船舶离泊过程驶入航道时间(即拖轮开始作业时间)。船舶 i 处于港内锚地等待直至水位处于高水位,船舶 i 开始在拖轮 VU_{i2} 辅助作业下开始驶入航道,记录船舶 i 离泊过程驶入航道时间(即拖轮在船舶出港过程开始作业时间) TE_i,转入步骤 19。

步骤 18　确定船舶驶入航道时间。船舶 i 开始在拖轮 VU_{i2} 辅助作业下驶入航道,记录船舶 i 驶入航道开始时间 TE_i,转入步骤 19。

步骤 19　计算船舶离港时间。船舶 i 驶出港口,根据式(4-24)计算并记录船舶 i 离港时间 TF_i,转入步骤 20。

步骤 20　判断是否完成所有到港船舶计算。若 $i \geqslant v$,转入步骤 22,否则转入步骤 21。

步骤 21　进行下一艘船舶计算。$i=i+1$,转入步骤 2。

步骤 22　完成所有从属变量的确定。

TAH-BUQCT 模型从属变量确定流程图如图 4-8 所示。

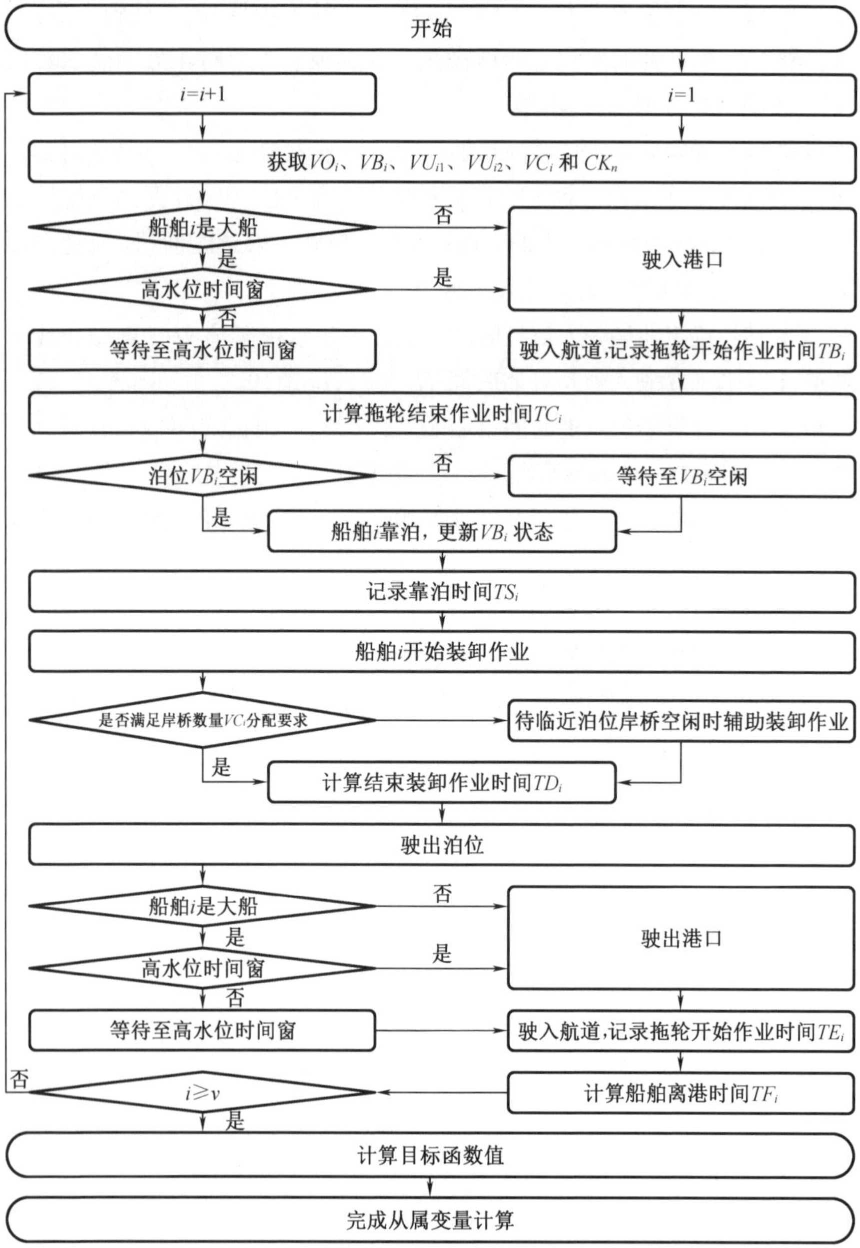

图 4-8　TAH-BUQCT 模型从属变量确定流程图

第5章　集装箱码头作业联合调度优化模型求解方法

第4章建立了TAH-BUQCT模型，但提出的TAH-BUQCT模型能否获取一个较为优质的解决方案，在很大程度上取决于模型求解方法。为了能够获取一个更为优质的集装箱码头作业联合调度方案，本章面向TAH-BUQCT多目标优化模型具有较强的非线性、难以精准求解瓶颈，提出CQASBO算法，并制定编码规则，建立可行-整数化处理算法(feasible-integerization algorithm，F-IA)算法，构建基于CQASBO算法的TAH-BUQCT模型求解方法。

5.1　群智能优化算法改进

5.1.1　智能优化算法

1. 智能优化算法的内涵

由于传统优化算法在解决复杂现实优化问题时存在缺陷，诸多学者利用自然界存在的许多信息处理机制得到的启发，通过进一步研究，建立了基于自然界智能信息处理机制的优化方法。其共同点在于，能够通过模拟或揭示某些自然界现象、过程或生物群体的智能行为而得到发展。因其具有简单、通用、便于并行处理等特点，在优化领域被称为智能优化算法。其主要包含以下基本概念。

(1)优化目标

智能优化算法的目标是找到一个或多个满足特定条件的解，这些条件通常是使某个目标函数达到最小或最大值。这个目标函数决定了问题的性质和要求。

(2)搜索空间

搜索空间是指解空间中所有可能解的集合。智能优化算法通过在搜索空间中搜索来寻找最优解。搜索空间的定义取决于问题的性质和要求,它可以是一个连续的实数空间、离散的整数空间或者更复杂的高维空间。

(3)初始解

初始解是指算法开始搜索时的起始点。一个好的初始解能够引导算法更快地收敛到最优解,因此选择合适的初始解对算法性能至关重要。

(4)迭代过程

智能优化算法通常采用迭代的方式进行搜索。在每一次迭代中,算法会根据一定的规则对当前解进行更新或生成新的解,然后根据评估函数对解的质量进行评估,最终逐步逼近最优解。

(5)评估函数

评估函数用于评估解的质量。对于一个给定的解,评估函数会计算出一个数值,这个数值反映了该解在满足问题要求方面的优劣程度。评估函数的定义取决于问题的性质和要求,它通常与目标函数相关。

(6)启发式信息

启发式信息是指基于问题特性和经验的知识,用于指导算法的搜索过程。智能优化算法通常会利用启发式信息来加速搜索过程,引导算法向更好的解靠近。

(7)种群多样性

在群智能优化算法中,种群多样性是指种群中个体的多样性。保持种群的多样性可以防止算法陷入局部最优解,并提高算法的全局搜索能力。

(8)收敛条件

收敛条件是指终止算法执行的标准或准则。当算法满足收敛条件时,搜索过程将停止,并返回当前最优解作为结果。收敛条件的设定取决于问题的性质和要求,常见的收敛条件包括达到预设的最大迭代次数、解的质量达到预设的阈值等。

2. 智能优化算法的分类

目前,按智能优化算法模拟自然生物现象或物理现象的类别,其可分为以下 3 种。

(1)物理规则智能优化算法

物理规则智能优化算法是基于物理现象和规律设计的,如万有引力、惯性力等原理。这些算法的工作机制与常规算法迥异。以模拟退火算法为例,其灵感源于固体物质的退火过程,这一过程在冶金学中极为常见。该算法利用不同材料热力学性能的差异,模拟材料在反复加热和冷却过程中的物理规律,从而完成算法的寻优过程。此外,还有水循环算法,它借鉴了大自然中水循环过程中溪流、湖泊、江河流向海洋的客观规律;重力搜索算法,它基于牛顿的万有引力定律。这些算法都展示了物理规律在优化问题求解中的创新应用。

(2)生物进化智能优化算法

生物进化描述了大自然中种群及其个体遵循特定规律逐渐变化的过程。受自然选择与生物进化理论的启发,一系列算法得以诞生,它们能有效寻找出令人满意的解决方案。在进化过程中,适应力强的个体得以保留,而表现较差的个体则被淘汰。交叉和变异等机制也被应用于个体进化中,从而孕育出新的种群个体。因此,在优化迭代过程中,表现最优的个体更有可能孕育出新的种群。比如,遗传算法便是模拟自然界生物进化机制的一个典型案例;而差分进化算法则通过个体间的合作与竞争来优化搜索过程;生物地理学算法则是基于物种迁移和变异规律演化而来的。这些算法都充分利用了进化的原理,为问题解决提供了新思路。

(3)群智能优化算法

此类算法受到自然群落启发,其寻优过程为模拟社会生物的群体行为。一般来说,此类算法需要较少的参数,其优化过程更易实现。常见的算法有模拟鸟群和鱼群群体行为的粒子群算法、模拟蚂蚁集体寻径行为的蚁群算法、模拟布谷鸟寄生育雏行为的布谷鸟搜索算法、模拟灰狼群体捕猎行为的灰狼优化算法、模拟雄性缎蓝园丁鸟求偶行为的 SBO 算法。

3. 智能优化算法的优越性

经过数十年的发展,智能优化算法被应用于各个领域,且表现出了良好的效果。其优越性主要包含以下 6 个方面。

(1)自适应性

智能优化算法能够根据问题的特性进行自我调整,无须了解所求优化问题的数学特征,只需要根据目标函数以及问题启发式迭代进行求解即可,从而适应不同的情况。例如,遗传算法可以根据环境的适应度来调整基因的突变概率和交叉概率,使得搜索过程更加灵活。

(2)全局搜索能力

传统的优化算法只会沿梯度下降方向移动,易陷入局部最优解,而智能优化算法通常具有较强的全局搜索能力。例如,粒子群算法中的粒子会根据自身和群体的最优解进行移动,从而在整个解空间中进行搜索。

(3)鲁棒性

智能优化算法通常对问题的特性要求较低,对初始条件依赖性不高,同时也不要求目标函数和约束条件具有线性、连续性及可微性的特点,因此具有较强的鲁棒性。这意味着算法可以应用于更广泛的问题领域,而不需要对问题进行过多的预处理或特定设置。

(4)并行计算能力

许多智能优化算法具有天然的并行性,可以在多核或分布式环境下进行高效计算。这显著地提高了算法的执行效率,特别是在多目标、多约束、复杂优化模型的大规模优化问题中。

(5)可解释性

尽管智能优化算法基于对自然现象的模拟,但它们通常可以提供有关问题解的深入洞察。这种可解释性使得算法不仅可以帮助人们找到问题的解决方案,还可以帮助人们理解问题的本质。

(6)简单易用

许多智能优化算法的实现相对简单,不需要复杂的数学知识和编程技巧。通过模拟自然界生物或物理现象得到的优化算法,在理解过程中更为容易,且能够予以推广至不同领域,这使得这些算法更容易被广大用户所接受和应用。

4. 群智能优化算法的主要不足

群智能优化算法在许多领域都有广泛的应用,但它们也存在一些局限性或劣势,具体表现在以下几个方面。

(1)缺乏理论支持

群智能优化算法通常基于启发式和模拟自然界的方法,缺乏坚实的理论基础。这使得算法的可靠性、收敛性和求解精度等方面存在不确定性。

(2)计算复杂度高

群智能优化算法通常需要进行大量的搜索和迭代,这使得计算复杂度较高。在处理大规模、高维度的问题时,算法可能需要较长的时间才能找到满意的解。

(3)容易陷入局部最优

尽管群智能优化算法具有较强的全局搜索能力,但它们仍然可能陷入局部最优解。这可能导致算法在找到全局最优解之前就停止搜索,或者陷入局部最优解而无法跳出。

(4)参数敏感性

群智能优化算法通常需要调整多个参数,如种群规模、迭代次数、交叉概率等。参数的选择和调整对算法的性能与结果有很大的影响,不当的参数设置可能导致算法性能不佳。

(5)不可控性

由于群智能优化算法基于随机性和模拟自然现象的方法,其收敛速度和结果具有一定的不可控性。这使得算法在实际应用中存在一定的风险和不确定性。

(6)适用性问题

群智能优化算法的适用性受到问题的性质和特点的影响。对于一些特定的问题或复杂度较高的问题,群智能优化算法可能无法提供有效的解决方案或性能提升。

综上所述,群智能优化算法在应用中仍存在一些局限性,需要在使用时注意其适用性和性能评估。同时,随着技术的不断发展,群智能优化算法的理论基础和性能也在不断改善和提升。面向群智能优化算法的现有不足,通常在搜索空间优化、初始解生成、控制参数优化、适应度函数设计、多样性维护策略设计等方面改进群智能优化算法,以提高算法性能,获得更为优质的解空间。

5.1.2 群智能优化算法改进策略

1. 基于量子计算的搜索空间优化

在搜索空间优化方面,人们可通过对搜索空间的合理定义和特性分析改进算法的搜索效率和准确性。例如,对于连续优化问题,人们采用离散化的方法,将连续的搜索空间离散成多个小区间;将连续的优化问题转化为离散的优化问题,可以简化问题的复杂性,并使得算法更易于处理和求解。许多优化问题都存在约束条件,如非负约束、边界约束等。通过对约束条件的合理处理,人们可以提高算法的求解精度和鲁棒性。例如,可以采用罚函数法将约束问题转化为无约束问题进行处理;在优化过程中,可采用特征提取的方法,从原始数据中提取出对问题求解有用的特征,降低问题的维度和复杂性,进而减少搜索空间的规模和维度,提高算法的搜索效率和准确性;采用启发式信息利用方法,基于问题特性和经验的知识,用于指导算法的搜索,加速算法的搜索过程,引导算法向更好的解靠近。本章主要针对基于量子计算的搜索空间优化方法予以详细阐述。

自20世纪80年代提出第一个基于量子力学的计算机模型以来,量子计算经历了从理论到实验的漫长历程。近年来,随着超导和离子阱技术的快速发展,人们已经制造出了越来越大的量子计算机。尽管如此,离实际应用仍有一段距离。

量子计算基于量子力学的一些基本原理,特别是量子比特、量子叠加和量子纠缠等概念。与传统计算使用的经典比特只能表示0或1不同,量子比特可以同时表示0和1,即处于叠加态。这一特性使得量子计算机在解决某些问题时可能比传统计算机更高效。经典比特只能表示0或1,而量子比特可以同时表示0和1,这是量子比特的核心特征。这一特性使得量子比特能够存储更多的信息,并且在某些情况下能更快地处理信息。

量子旋转门(quantum rotation gate)是量子计算中的基本操作,主要用于描述一个量子比特在二维平面上的旋转。在量子计算中,旋转门是控制一个或多个量子比特状态的重要工具,它可以改变量子态的相位关系。旋转门的操作对象是量子态,通过旋转操作可以使量子态从一个纯态旋转到另一个纯态,或者对叠加态进行旋转操作。其主要分为单一量子比特旋转门、多量子比特旋转门和旋转门的物理实现。

(1)单一量子比特旋转门

单一量子比特旋转门是操作单个量子比特的最基本门。它通过在量子比特上施加一个相位因子来实现旋转,该相位因子与量子比特所处的状态有关。具体来说,如果将一个量子比特表示为二维复数向量,那么通过施加一个相位因子,可以旋转这个向量。

(2)多量子比特旋转门

多量子比特旋转门是操作多个量子比特的门。这些门可以用于实现更复杂的量子算法和量子纠缠操作。例如,可控非门是一种常见的多量子比特旋转门,它可以控制一个量子比特的状态,使其在受控的情况下发生旋转。

(3)旋转门的物理实现

在实际的物理系统中,旋转门可以通过各种方式实现,如使用磁场、微波辐射、激光等。这些方法都可以改变量子比特的能量和相位,从而实现量子态的旋转操作。

量子旋转门目前被应用于量子纠错码、量子模拟与量子算法中。在量子计算中,噪声和干扰是不可避免的问题。为了提高量子计算的可靠性和稳定性,研究人员开发出了各种量子纠错码,这些纠错码通过使用多个量子比特来编码信息,并利用旋转门来纠正由于噪声和干扰引起的错误。量子模拟是一种模拟量子系统行为的方法。通过使用量子计算机和适当的算法,研究人员可以模拟出一些难以求解的物理问题和化学问题,如材料性质、药物研发等。在这个过程中,旋转门是用于操作和操控量子态的重要工具之一。一些著名的量子算法,如舒尔(Shor)算法和格罗弗(Grover)算法,都使用了旋转门作为基本操作之一。在这些算法中,旋转门用于实现不同的逻辑门操作和相干操作,从而实现更高效的算法性能。

本章考虑量子计算的高效性,引入量子旋转门思想,提高算法在解空间中的搜索能力,进而提升算法性能。

2. 基于混沌映射的初始解生成法

群智能优化算法的初始解生成是算法执行过程中的一个重要步骤,它影响着算法的全局搜索能力和收敛速度。一个好的初始解能够加速算法的收敛,提高搜索效率,而一个不好的初始解可能导致算法陷入局部最优解或者搜索过程停滞。因此,初始解生成是群智能优化算法改进的重要方面之一。

通常,初始解采用随机生成法,这是最基本的初始解生成方法。这种方法通过随机采样来生成初始解。这种方法简单易行,但往往由于计算机内置参数受限,只能生成有限精度的数字,其产生的随机数具有一定的内在规律,进而难以满足整个搜索空间的遍历性,进而导致生成的初始解质量不高,可能会影响算法的搜索效率和准确性。为此,通常采用其他的方法进行改进,例如,基于领域知识的初始解生成方法,即根据问题特性,利用专家知识或经验来生成初始解,这种方法能够生成具有一定质量的初始解,但需要依赖领域专家的经验和知识,且适用范围有限;通过逐步构建解空间生成初始解的回溯法,该方法能够生成高质量的初始解,但计算复杂度较高,适用于小型问题或者需要高质量解的问题;利用贪心算法生成初始解,该方法能够在较短的时间内生成具有一定质量的初始解,但可能存在陷入局部最优解的风险;利用多起点法生成初始解,该方法能够提高算法的搜索效率和多样性,但需要更多的计算资源和时间。本章主要针对基于混沌映射的初始解生成法予以详细阐述。

混沌映射是一种数学工具,用于研究混沌理论中的动态行为。它是一个迭代过程,其中每个点在某个初始条件下,根据一组确定的规则不断更新其位置。这些规则通常是非线性的,这意味着它们在计算下一步位置时涉及多个因素,并且不能简化为线性关系。混沌映射在许多领域有广泛的应用，包括物理学、生物学、经济学和社会科学等。例如，它们可以用来模拟自然界的复杂系统，如气候变化、生态系统或人口动态等。此外，混沌映射还可以用于加密和数据隐藏等领域，因为它们的复杂性和不可预测性使得它们能够提供很好的加密保护。

常见的混沌映射包括逻辑斯谛映射（logistic map）、猫脸映射（Arnold's cat map）和埃农映射（Henon map）等。逻辑斯谛映射是一个简单的一维迭代函数，它在一定条件下会产生混沌行为。猫脸映射是一个二维映射，通常用于研究混沌在更高维度上的表现。埃农映射则是一个更复杂的非线性映射，它描述了两个变量之间的相互作用。混沌映射的一个重要特性是它们的敏感性、依赖性，这意味着初始条件的小变化会导致长期预测的巨大差异。这被称为"蝴蝶效应"，因为即使是最微小的变化也可能引发巨大的影响，就像一只蝴蝶扇动翅膀可能导致飓风一样。这种特性使得混沌映射成为研究复杂系统的有力工具，因为它们能够模拟出真实世界中许多现象的不可预测性。

混沌映射还可以用来研究混沌边缘现象。当系统处于有序和混沌之间的边界时，一些特殊的性质会出现。这种现象被称为"自组织临界性"，它表明系统在不断接近混沌边缘时能够更好地适应其环境。这种特性在许多自然系统中都可以观察到，包括地震、森林火灾和物种演化等。

此外，混沌映射还可以被用来设计一些具有特定性质的算法和数据结构。例如，它们可以用来生成具有高度复杂性和安全性的密码系统，因为混沌映射的不可预测性使得它们很难被破解。此外，混沌映射还可以用于图像加密、数字水印和信息隐藏等领域。

为此，本章利用混沌基础理论提出基于混沌映射的初始解生成法，以期提高算法前期的全局扰动能力。

3. 基于自适应影响因子的控制参数优化

群智能优化算法通常包含一些控制参数，如种群规模、迭代次数、交叉概率等。这些参数对算法的性能有很大的影响。人们可以采用自适应调整或基于性能的学习策略，动态调整控制参数，以提高算法的性能和鲁棒性。动态调整控制参数，无须人工干预，就能够减小人工调整的误差和复杂度；能够应用不同类型和规模的控制系统，只需适当调整算法参数和规则；同时能在不确定性和干扰的情况下保持良好的性能，具有较强的自适应性。为此，本章从控制参数优化着手，开展基于自适应影响因子的控制参数优化方法研究。

自适应参数优化算法是一种根据环境变化或自身行为调整参数的算法，使得算法能够在不同的情境下更好地适应并取得更好的性能。常见的自适应参数优化算法包括以下几种。

(1)自适应梯度算法

自适应梯度算法在每次迭代中，对每个参数的梯度进行累加，并根据累加和动态调整学习率。这种算法对于稀疏数据和稀疏梯度的情况有很好的效果，但可能会导致在更新时过度调整某些参数。

(2)适应性动量估计

适应性动量估计算法结合了自适应梯度算法和动量估计的思想，通过对每个参数的梯度和一阶矩(均值)进行估计，动态调整学习率。该算法在训练初期能够快速收敛，但在训练后期可能会出现振荡现象。

(3)学习率衰减

学习率衰减算法在训练过程中，随着迭代次数的增加，逐渐减小学习率。这种方法可以在训练初期提供较大的学习率，促进模型收敛，同时在训练后期减小学习率，使模型在最优解附近进行精细调整。

(4)自适应权重调整

自适应权重调整算法通过对每个参数的重要性进行评估，根据参数的重要程度动态调整学习率。这种方法可以使模型在训练过程中更加关注重要的参数，提高训练效率。

(5)自适应优化器

自适应优化器算法通过对模型性能进行评估，根据性能反馈动态调整学习率。这种方法可以自动调整学习率，无须手动设置。常见的自适应优化器有Adadelta、RMSprop等。

本章考虑到自适应参数能够根据不同环境更好地适应算法的性能，考虑上述算法优势，引入自适应算法基本思想，设计自适应算法影响因子对群智能优化算法进行改进，以期提高算法前期的全局扰动能力和算法后期的局部搜索能力，进而提升算法性能。

4. 适应度函数设计

在群智能优化算法中，适应度函数是一个关键组件，用于评估解的优劣。适应度函数的设计直接影响算法的性能和结果的准确性。本章将详细介绍适应度函数设计的各个方面，包括目标函数选择、权重设置、阈值设定、非线性处理、约束处理、多样性保持、可计算性和可调性。

(1)目标函数选择

目标函数是优化问题的核心,用于评估解的优劣。在适应度函数设计中,首先需要选择合适的目标函数。目标函数应该能够反映问题的本质,并且能够为算法提供明确的方向和指导。在选择目标函数时,需要考虑问题的特性、约束条件及实际需求。

(2)权重设置

权重用于调整目标函数的各个组成部分的重要性。在适应度函数设计中,可以通过为每个组成部分分配不同的权重来平衡目标函数的各个方面。权重的设置应该根据问题的实际情况和需求来确定,以确保适应度函数能够准确反映解的优劣。

(3)阈值设定

阈值是用于将连续的目标函数值划分为不同的区间,以便更好地评估解的性能。在适应度函数设计中,需要合理设定阈值,以确保适应度函数的区分度和敏感性。阈值的设定需要考虑问题的特性、约束条件及实际需求。

(4)非线性处理

在许多优化问题中,目标函数可能存在非线性关系。为了使算法更好地处理非线性问题,人们需要在适应度函数设计中进行适当的非线性处理。这可以通过引入适当的转换函数或使用非线性规划技术来实现。

(5)约束处理

优化问题通常存在约束条件,如范围限制、非负要求等。在适应度函数设计中,需要考虑如何处理这些约束条件。一种常见的方法是将约束条件转化为惩罚项,并将其纳入适应度函数的计算中。这样可以引导算法在满足约束条件的前提下寻找最优解。

(6)多样性保持

适应度函数的设计应考虑保持解的多样性,以避免算法陷入局部最优解。多样性保持可以通过在适应度函数中引入熵函数、鼓励变异等方法来实现。这有助于拓宽搜索空间,增加找到全局最优解的机会。

(7)可计算性

适应度函数的计算复杂度直接影响算法的运行效率和可行性。因此,在设计适应度函数时,需要考虑其可计算性。尽量选择简单有效的计算方法,避免不必要的复杂计算和重复计算,以确保算法能够快速有效地收敛到最优解。

(8)可调性

适应度函数的参数和规则应具有一定的可调性,以便根据实际情况进行调整和优化。这有助于提高算法的灵活性和适用性,使其能够更好地应对不同的问题和环境变化。同时,可调性也方便用户根据具体需求进行参数优化和调整,以达到更好的优化效果。

适应度函数设计是群智能优化算法的关键环节,对于算法的性能和结果的准确性具有重要影响。在实际应用中,人们应根据问题的特性和需求进行有针对性的设计,并综合考虑上述方面。通过合理的适应度函数设计,人们可以引导算法在复杂的问题空间中寻找最优解,为解决实际工程问题提供有效的解决方案。

5. 多样性维护策略设计

多样性维护是群智能优化算法中的重要环节,可以防止算法陷入局部最优解,以提高全局搜索能力。人们可以探索更有效的多样性维护策略,如选择策略、变异操作、交叉操作和精英策略等方法。

(1)选择策略

选择策略是群智能优化算法中用于确定哪些个体将被保留用于下一代的过程。选择策略应考虑适应度函数的评估结果和种群的多样性。通过选择策略的合理设计,人们可以平衡算法的探索和开发能力,从而提高算法的性能。

(2)变异操作

变异操作是群智能优化算法中用于引入随机因素的过程,以增加种群的多样性。变异操作可以通过对个体的一部分基因进行随机改变来实现。合理的变异操作可以帮助算法跳出局部最优解,进一步扩大搜索空间,以提高算法的全局搜索能力。

(3)交叉操作

交叉操作是群智能优化算法中用于产生新个体的过程。将两个或多个个体的基因进行交叉组合,可以产生新的解。在交叉操作中,人们应考虑解的多样性和均匀性,以确保新产生的个体具有足够的多样性和良好的性能。

(4)精英策略

精英策略是群智能优化算法中用于保留优秀解的策略。将每一代中的最优解或一定数量的优秀解保留下来,传递给下一代,可以加速算法的收敛速度并提高算法的搜索精度。精英策略有助于维护种群的多样性并提高算法的性能。

5.2 标准 SBO 算法

求解 TAH-BUQCT 模型是一个复杂多目标非凸带约束的优化问题,各子目标函数存在互斥关系,因此,如何寻找 TAH-BUQCT 模型的帕累托前沿曲线仍存在较大困难。针对 TAH-BUQCT 模型的求解是典型的 NP-hard 问题,一直是研究的热点方向,早期带约束的优化问题通常采用牛顿法、共轭梯度法、分支定界法等,但由于实际问题往往具有强非线性与复杂性的特点,求解效果有待提高。随着计算机算力的提高,考虑到群智能优化算法在解决优化问题方面具有较好表现,特别是 SBO 算法在此类问题求解中表现出参数较少与求解精度较好的优势,为此本章尝试采用 SBO 算法对 TAH-BUQCT 模型进行求解。但 SBO 算法在以往求解过程中表现出了易陷入局部最优、全局扰动能力弱等固有缺陷,所以为了获得更好的 TAH-BUQCT 模型的解,本章尝试改进 SBO 算法用于对建立的 TAH-BUQCT 模型进行求解。

5.2.1 标准 SBO 算法介绍

标准 SBO 算法基于雄性缎蓝园丁鸟的求偶行为,根据缎蓝园丁鸟的着色准则,将其分为随机生成初始化种群、计算适应度值、更新种群位置、种群个体变异、组合新种群 5 个阶段,保证求得的目标函数最小。

1. 随机生成初始化种群

首先在求解问题的可行域内,生成一个包含 N 个求偶亭的初始化种群,每个求偶亭的维度为 D,设置最大迭代次数为 Q。

2. 计算适应度值

根据目标函数值公式,计算每个求偶亭目标函数 $f(x_i)$,基于式(5-1)计算个体适应度值 fit_i,然后计算此适应度值在种群适应度值总和中所占的比例 P_i。求偶亭被选中概率按式(5-2)计算。

$$fit_i=\begin{cases}\dfrac{1}{1+f(x_i)},f(x_i)\geqslant 0\\1+|f(x_i)|,f(x_i)<0\end{cases}\tag{5-1}$$

式中 fit_i——第 i 个求偶亭的适应度值；

$f(x_i)$——第 i 个求偶亭的目标函数。

$$P_i = \frac{fit_i}{\sum_{n=1}^{N} fit_n} \tag{5-2}$$

3. 更新种群位置

雄性缎蓝园丁鸟根据历史经验与种群信息共享机制，不断调整求偶亭位置，位置更新公式如下所示：

$$x_{ik}^{q+1} = x_{ik}^{q} + \lambda_k \left[\left(\frac{x_{jk} + x_{best,k}}{2} \right) - x_{ik}^{q} \right] \tag{5-3}$$

式中 x_{ik}^{q}——第 q 次迭代第 i 个求偶亭的第 k 维分量；

x_{jk}——搜索到当前位置 x_j 的第 k 维分量，x_j 通过轮盘赌机制确定；

$x_{\mathrm{best},k}$——种群最优位置第 k 维分量；

λ_k——移动步长，通过式(5-4)确定。

$$\lambda_k = \frac{\alpha}{1+P_j} \tag{5-4}$$

式中 α——超参数，表示步长的最大阈值；

P_j——目标求偶亭被选中的概率。

目标位置选中概率越大，步长越小；相反，目标位置选中概率越小，步长越大。由于 $P_j \in [0,1]$，因此 $\lambda_k \in [\alpha/2, \alpha]$。

4. 种群个体变异

模拟部分较为强壮的雄鸟从其他雄鸟中抢夺材料，破坏求偶亭，因此引入超参数 P_m，设置种群个体以一定的概率 P_m 进行变异操作。在变异过程中，x_{ik} 服从正态分布，如下所示：

$$x_{ik}^{q+1} \sim N(x_{ik}^{q}, \sigma^2) \tag{5-5}$$

$$N(x_{ik}^{q}, \sigma^2) = x_{ik}^{q} + [\sigma \cdot N(0,1)] \tag{5-6}$$

在式(5-6)中，标准差 σ 的计算公式如下所示：

$$\sigma = z \cdot (var_{\max} - var_{\min}) \tag{5-7}$$

式中 z——超参数，表示缩放比例因子；

$var_{\max}$、$var_{\min}$——变量 x_{ik} 的上限和下限。

5. 组合新种群

将位置更新后的个体位置与变异后的个体位置组合成新的种群，选取最优目标函数值个体。若满足终止条件，则输出最佳位置和最优函数值；反之继续迭代。

5.2.2 SBO 算法改进思路

SBO 算法具有结构简单、收敛速度快的优势,但也存在易陷入局部最优解、全局扰动能力弱的不足。针对上述问题,本章尝试基于混沌映射建立种群初始化方法,以增加初始种群的遍历性;利用量子计算建立量子旋转门,以增加种群的收敛速度;提出自适应权重因子,提高 SBO 算法前期全局扰动能力和后期的局部搜索能力。基于上述理论,人们拟提出 CQASBO 算法,应用于求解 TAH-BUQCT 模型。

5.3 CQASBO 算法设计

5.3.1 CSBO 算法设计

混沌映射普遍存在于自然界中,类似于一种随机运动,其结果不可预测。随机性不能满足初始种群遍历全空间的需求,因此本章尝试在生成初始化种群时,加入混沌扰动因子,增加算法前期的全局扰动能力。相较于逻辑斯谛映射、帐篷[形]映射(tent map)、An 映射等其他映射,猫脸映射具有更好的混沌分布特性。为此,本章尝试采用猫脸映射构建混沌 SBO(chaos SBO,CSBO)算法,以增加种群的无序性。其公式如下:

$$x=x_{\min}+C_{\mathrm{Cat\_Chaos}}\times(x_{\max}-x_{\min}) \tag{5-8}$$

式中 $x_{\min}$、$x_{\max}$——自变量取值的下限与上限;

$C_{\mathrm{Cat\_Chaos}}$——猫脸映射函数产生的混沌因子,可由下式确定:

$$\begin{cases}x_{n+1}=(x_n+y_n)\bmod 1\\ y_{n+1}=(x_n+2y_n)\bmod 1\end{cases} \tag{5-9}$$

式中 $x \bmod 1$——表示只取 x 小数部分,等于 $x-[x]$。

二维猫脸映射矩阵形式表达式为

$$\begin{bmatrix} x_{n+1} \\ y_{n+1} \end{bmatrix} = \begin{bmatrix} 1 & 1 \\ 1 & 2 \end{bmatrix} \begin{bmatrix} x_n \\ y_n \end{bmatrix} \bmod 1 = \boldsymbol{C} \begin{bmatrix} x_n \\ y_n \end{bmatrix} \bmod 1 \tag{5-10}$$

式中 $\boldsymbol{C}$——$\begin{bmatrix} 1 & 1 \\ 1 & 2 \end{bmatrix}$，$|\boldsymbol{C}|=1$。

为了测试猫脸映射是否能够使 SBO 算法具有更高的全局扰动能力，本章采用猫脸映射方法与随机方法分别生成 50 000 个点，并对其在[0, 1]区间内的点分布情况进行了测试，测试结果见表 5-1 和图 5-1。通过计算各区间分布情况的方差，我们可以看出采用猫脸映射生成点的方式能够在整个解空间上获得更好的分布。

表 5-1 猫脸映射方法与随机方法生成点分布对比表

分布区间	随机方法生成点	猫脸映射方法生成点
[0, 0.1)	5 188	5 049
[0.1, 0.2)	4 995	4 920
[0.2, 0.3)	5 039	4 975
[0.3, 0.4)	5 068	5 028
[0.4, 0.5)	4 879	4 981
[0.5, 0.6)	4 867	5 048
[0.6, 0.7)	5 116	5 058
[0.7, 0.8)	4 860	4 962
[0.8, 0.9)	5 023	4 999
[0.9, 1)	4 965	4 980
方差	10 865.4	1 808.4

在种群初始化过程中，如果种群样本数为 n，则整个初始化种群可表示为

$$x=[x_1, x_2, \cdots, x_n]$$

每个种群个体对应的辅助参数为

$$y=[y_1, y_2, \cdots, y_n]$$

设种群个体 x_1 和辅助参数 y_1 为种群定义域范围内随机生成，种群个体 x_2 与辅助参数 y_2 根据式(5-9)和式(5-10)计算生成，其余种群个体按式(5-9)和式(5-10)依次计算生成，进而能够得到整个混沌种群，完成 CSBO 算法的种群初始化。

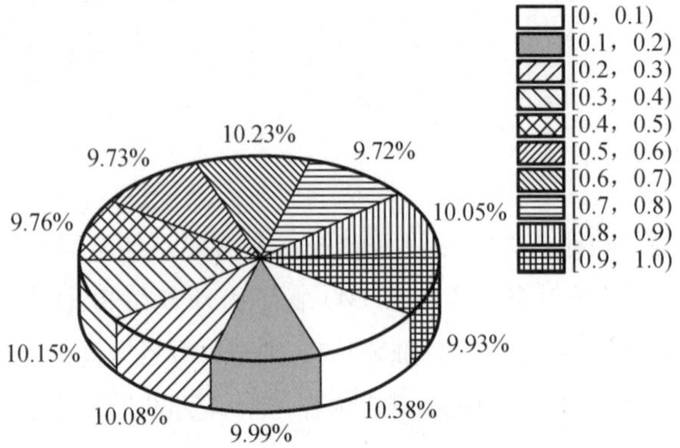

(a) 随机方法生成点分布情况

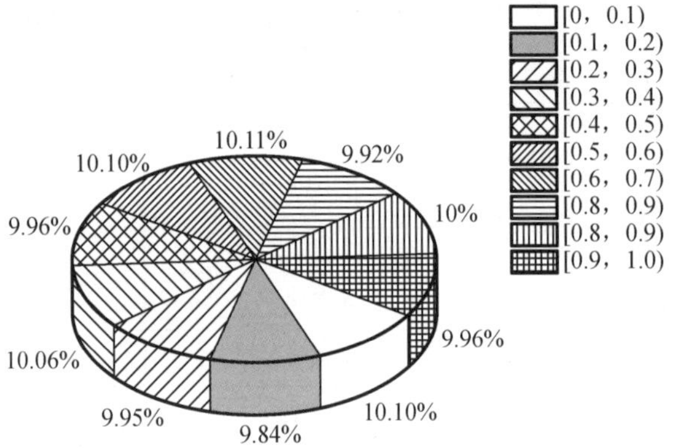

(b) 猫脸映射方法生成点分布情况

图 5-1　猫脸映射方法与随机方法生成点分布对比图

5.3.2　QSBO 算法设计

经典计算机在计算中,信息通常用 0 和 1 的二进制方式表示,即比特。与之不同,量子计算则依赖于微观粒子的 $|0\rangle$ 和 $|1\rangle$ 两种基本状态来表示信息,这被称为量子比特。单量子比特的任何状态都可以由这两种基本状态的线性组合来表示,被称为叠加态。这种叠加态的特性是量子计算区别于经典计算的重要特征之一。其数学表达式为

$$|\varphi\rangle=\alpha|0\rangle+\beta|1\rangle \tag{5-11}$$

式中　α、β——一对复数,通常将其称为量子态的概率幅,α 与 β 满足归一化条件:

$$|\alpha|^2+|\beta|^2=1 \tag{5-12}$$

量子态$|\varphi\rangle$因测量以$|\alpha|^2$的概率坍缩到$|0\rangle$，或以$|\beta|^2$的概率坍缩到$|1\rangle$，量子态概率幅也可以表示为

$$|\varphi\rangle=[\alpha,\beta]^{\mathrm{T}}$$

量子计算是依据量子力学规律，调动量子信息单元得到的一种新型的计算模型，因其计算能力强、计算速度快得到了广泛的研究。在量子计算中，通常会通过一系列的酉变换实现量子位逻辑变换功能。在一定时间间隔内，实现逻辑变换的量子装置，称为量子门。常用的单比特量子门包括有 Hadamard 门、Pauli-X 门、Pauli-Y 门、Pauli-Z 门、相位门、π/8 门和量子旋转门等。在量子计算中，较为常用且重要的单比特量子门是量子旋转门，其矩阵表示为

$$|\varphi'\rangle=R|\varphi\rangle=\begin{bmatrix}\cos\Delta\varphi & -\sin\Delta\varphi\\ \sin\Delta\varphi & \cos\Delta\varphi\end{bmatrix}\begin{bmatrix}\cos\varphi\\ \sin\varphi\end{bmatrix}=\begin{bmatrix}\cos(\varphi+\Delta\varphi)\\ \sin(\varphi+\Delta\varphi)\end{bmatrix} \tag{5-13}$$

式中 $|\varphi\rangle$——量子旋转门变换前相位；

$|\varphi'\rangle$——量子旋转门变换后相位；

$\Delta\varphi$——量子旋转门相位旋转弧度；

R——系数。

结合量子旋转门可增强种群寻优能力的特性，本章尝试结合量子旋转门对 SBO 算法做出改进，提出量子 SBO（quantum SBO，QSBO）算法，以增加 SBO 算法的局部搜索能力，提高种群收敛速度。本章尝试将式（5-3）与量子旋转门表达式（5-13）结合，令

$$\varphi'=x_{ik}^{t+1},\varphi=x_{ik}^{t},\Delta\varphi=\lambda_k\left(\frac{x_{jk}+x_{\mathrm{best},k}}{2}-x_{ik}^{q}\right)$$

基于式（5-13）对种群位置进行更新迭代。其中，$\Delta\varphi$ 的方向由式（5-13）中的系数 R 确定，若 $R\neq0$ 时，方向为$-\mathrm{sgn}(R)$；当 $R=0$ 时，方向取正负均可。

5.3.3 ASBO 算法设计

根据表达式（5-3）可以看出，算法在 q 次迭代缎蓝园丁鸟的位置为 x_{ik}^{q}，在 $q+1$ 次迭代时，基于 q 次迭代位置 x_{ik}^{q} 向着历次迭代最优位置 $x_{\mathrm{best},k}$ 与随机位置 x_{jk} 靠拢，一方面对最优位置进行深入探索，另一方面又增加了随机性因素，以免陷入局部最优。

本章尝试在表达式（5-3）中引入自适应影响因子，提出自适应 SBO

(adaptive SBO,ASBO)算法,以构造新的位置更新公式,其优势在于,一方面在前期加大 q 次迭代缎蓝园丁鸟移动步长,获得更广泛的求解范围,使算法具有更好的全局扰动能力;另一方面,在算法求解后期,期待减小算法的步长,能够在目前迭代最优解位置 $x_{\text{best},k}$ 的附近寻找更为优质的位置,以期增加算法前期全局扰动能力,提高算法后期的局部探索能力。本章构造的自适应影响因子 W 可根据下式定义:

$$W=\begin{cases}\dfrac{-e^{4q/Q-2}+e^{-2}}{1-e^{-2}}+2, 0<q<\dfrac{Q}{2}\\ \dfrac{e^{-4q/Q+2}-e^{-2}}{1-e^{-2}}, \dfrac{Q}{2}<q<Q\end{cases} \tag{5-14}$$

式中 q——当前迭代次数;

Q——最大迭代次数。

自适应影响因子 W 与迭代次数关系如图 5-2 所示。

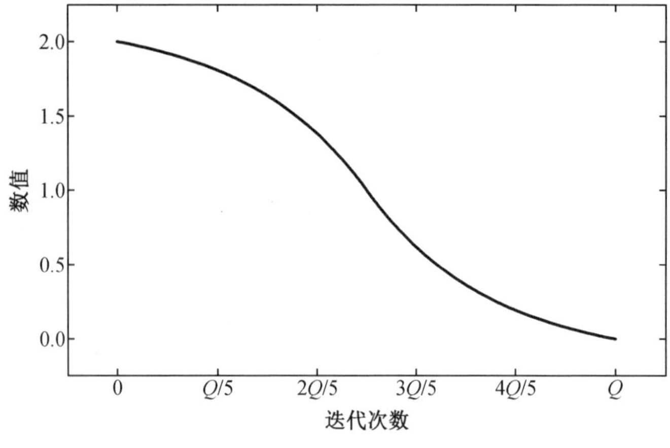

图 5-2 自适应影响因子与迭代次数关系图

本章构造的新的位置更新公式如下:

$$x_{ik}^{q+1}=x_{ik}^{q}+\lambda_k\left(\frac{x_{jk}+x_{\text{best},k}}{2}-x_{ik}^{q}\right)\cdot W \tag{5-15}$$

随着迭代次数从 0 变化到最大迭代次数 Q,自适应影响因子 W 从 2. 0 非线性变化到 0,使算法前期全局扰动能力增强,后期局部探索能力增强,避免了种群陷入局部最优解的问题。

5.3.4 CQASBO 算法

基于上述 CSBO、QSBO、ASBO 算法的不同优势，本书尝试将 3 种算法融合，设计 CQASBO 算法，以增加初始化种群的无序性，提高算法收敛速度与局部探索能力，提升算法前期全局扰动能力、后期局部探索能力。CQASBO 算法具体执行步骤如下。

步骤 1　基于式(5-8)初始化缎蓝园丁鸟种群，转入步骤 2。

步骤 2　设置算法中参数最大迭代数 Q、种群数量 N、种群维度 D、种群变异操作概率 P_m，随机数 p 在[0, 1]内随机取值，转入步骤 3。

步骤 3　计算求偶亭个体的代价函数值 fit，确定最佳求偶亭位置 x_{best} 和全局最优代价函数值 fit_{best}，转入步骤 4。

步骤 4　设置 $q=1$，转入步骤 5。

步骤 5　根据式(5-1)和式(5-2)计算每个求偶亭被选中的概率，转入步骤 6。

步骤 6　设置 $i=1$，转入步骤 7。

步骤 7　设置 $k=1$，转入步骤 8。

步骤 8　使用轮盘赌选择机制确定一个求偶亭，转入步骤 9。

步骤 9　利用式(5-4)计算 λ_k，转入步骤 10。

步骤 10　利用式(5-13)和式(5-15)计算并更新种群位置，转入步骤 11。

步骤 11　生成 0-1 随机数 p，若 p 小于 P_m，转入步骤 12，否则转入步骤 13。

步骤 12　基于式(5-6)，执行种群变异操作，转入步骤 13。

步骤 13　若 k 大于或等于 D，则转入步骤 14，否则，令 $k=k+1$，转入步骤 8。

步骤 14　若 i 大于或等于 N，则转入步骤 15，否则，令 $i=i+1$，转入步骤 7。

步骤 15　计算所有求偶亭被选中的概率，转入步骤 16。

步骤 16　若本次迭代最优解 $fit_{current}$ 小于全局最优解 fit_{best}，转入步骤 17，否则转入步骤 18。

步骤 17　更新全局最优解位置 x_{best} 与最优值 fit_{best}，转入步骤 18。

步骤 18　若 q 大于或等于 Q，则转入步骤 19，否则，令 $q=q+1$，转入步骤 5。

步骤 19　返回最佳求偶亭个体位置 x_{best} 与最优值 fit_{best}。

CQASBO 算法流程图如图 5-3 所示。

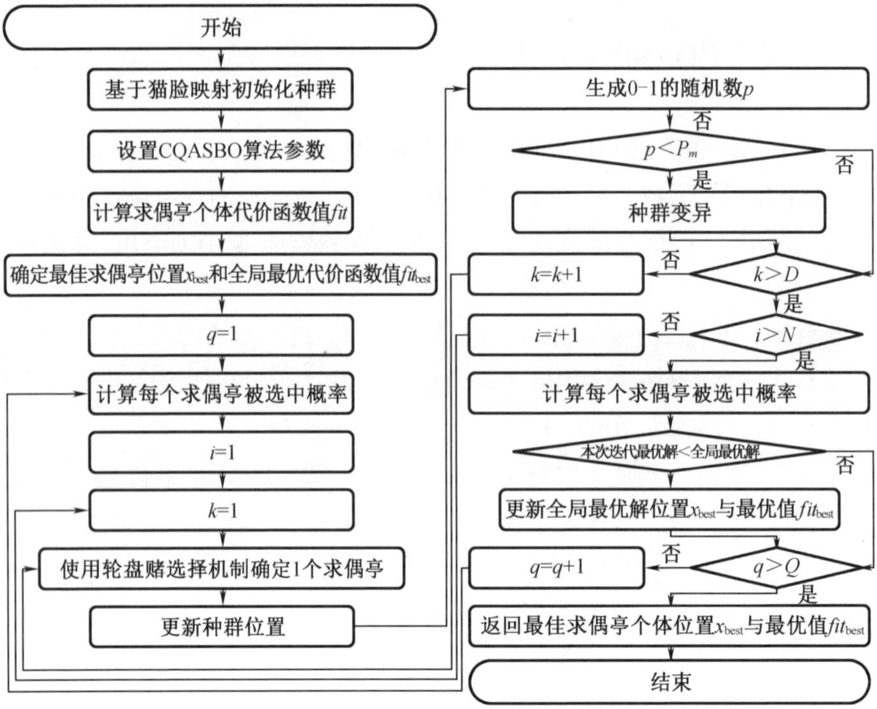

图 5-3　CQASBO 算法流程图

5.4　基于改进 SBO 算法的新联合调度优化模型求解

5.4.1　编码规则制定

TAH-BUQCT 模型的优化变量为 v 艘船舶的靠泊次序(VO_i)、靠泊泊位编号(VB_i)、靠泊作业过程分配的拖轮集合(VU_{i1})、离港作业过程分配的拖轮集合(VU_{i2})、分配岸桥数(VC_i)和分配集卡数(VK_i)。为方便在计算过程中优化变量的表达，人们构造了优化变量编码矩阵。编码矩阵规定，矩阵列数由到港船舶数量确定，即矩阵列数为 v。矩阵行数由优化变量数量确定，但考虑到要满足约束条件式(4-36)的要求，即满足船舶 i 拖轮作业最小马力值的要求，因此存在 2

艘拖轮共同服务于1艘船舶的情况。针对此问题,本章考虑采用编码矩阵中2行表达靠泊过程服务于船舶 i 的拖轮编号,同样采用矩阵中的2行表达离泊过程服务于船舶 i 的拖轮编号。特殊地,若拖轮编号为0,则代表仅1艘拖轮即可满足船舶最小马力值的要求。根据上述情况及约束条件,规定编码矩阵为7行 v 列自然数矩阵,本章以具体数值为例,对模型编码方式做详细解释。

以表5-2为例,表中第一列对编码矩阵列向量做出说明,表中第一行对编码矩阵行向量做出说明,同时表中给出了编码矩阵具体实例。共有6艘船舶为一个编组到港,本章以编码为1的到港船舶为例介绍:船舶1靠泊顺序为2,停靠在2号泊位,2号和3号拖轮在船舶1靠泊过程服务,5号拖轮在船舶1离港过程服务,服务船舶1的装卸岸桥数为4,分配集卡数为11。

表5-2 TAH-BUQCT模型个体 m 编码规则样例

到港船舶编号		1	2	3	4	5	6
第一行:靠泊顺序 VO_i	bird[m, 1, :]	2	5	1	3	4	6
第二行:靠泊位置 VB_i	bird[m, 2, :]	2	3	1	4	2	4
第三行:靠泊过程服务拖轮1编号 VU_{i1}	bird[m, 3, :]	2	6	3	1	4	5
第四行:靠泊过程服务拖轮2编号 VU_{i1}	bird[m, 4, :]	3	0	4	2	3	0
第五行:离泊过程服务拖轮1编号 VU_{i2}	bird[m, 5, :]	5	2	6	1	2	2
第六行:离泊过程服务拖轮2编号 VU_{i2}	bird[m, 6, :]	0	3	0	2	3	4
第七行:服务岸桥数量 VC_i	bird[m, 7, :]	4	1	3	3	2	4
第八行:分配集卡数量 VK_i	bird[m, 8, :]	11	8	14	9	10	13

5.4.2 F-IA 算法设计

众所周知,码头船舶靠泊顺序、靠泊泊位编号、分配拖轮编号、分配岸桥数、分配集卡数均为自然数。因此,编码矩阵中每一个数也应是自然数。考虑到优化算法更新迭代结果为实数,因此设计F-IA算法,将更新迭代后的实数矩阵转化为自然数矩阵。

F-IA算法主要分为5个部分,分别实现对船舶靠泊顺序集合(VO)、船舶靠泊泊位编号集合(VB)、作业分配的拖轮编号集合(VU)、岸桥分配数集合(VC)、集卡分配数集合(VK)的可行-整数化处理。本章以个体 m(bird[m, :, :])为例(其中,bird[m, 1, n]代表矩阵第一行第 n 列的值;bird_size 为种群规模),设计流程如下。

步骤 1　令 $m=1$,转入步骤 2。

步骤 2　如果第一行 bird[m, 1, :]各数值均不相等,则转入步骤 3,否则,转入步骤 4。

步骤 3　将 bird[m, 1, :]从小到大排列,按对应数值顺序,作为船舶靠泊顺序 $bird_1$[m, 1, :],令 bird_new[m, 1, :] = $bird_1$[m, 1, :],转入步骤 5。

步骤 4　将 bird[m, 1, :]从小到大排列,按对应数值顺序,作为船舶靠泊顺序 $bird_1$[m, 1, :],其中对于数值相等的船舶,根据进化前靠泊顺序确定先后顺序,令 bird_new[m, 1, :] = $bird_1$[m, 1, :],转入步骤 5。

步骤 5　令 $n=1$,转入步骤 6。

步骤 6　针对个体 m 中第 n 艘船舶的靠泊泊位编号 bird[m, 2, n]做四舍五入处理,得到 $bird_1$[m, 2, n],判断 $bird_1$[m, 2, n]是否满足靠泊约束条件。若满足,则令 bird_new[m, 2, n] = $bird_1$[m, 2, n];否则,在满足靠泊约束条件下,随机生成自然数 $bird_2$[m, 2, n]。令 bird_new[m, 2, n] = $bird_2$[m, 2, n],转入步骤 7。

步骤 7　若 $n \geqslant v$,转入步骤 9,否则,转入步骤 8。

步骤 8　令 $n=n+1$,转入步骤 6。

步骤 9　令 $n=1$,转入步骤 10。

步骤 10　令 $l=3$,转入步骤 11。

步骤 11　针对个体 m 中第 n 艘船舶的作业拖轮编号 bird[m, l, n]做四舍五入处理,得到 $bird_1$[m, l, n],判断 $bird_1$[m, l, n]是否满足拖轮约束条件。若满足,则令 bird_new[m, l, n] = $bird_1$[m, l, n];否则,在满足拖轮约束条件下,随机生成自然数 $bird_2$[m, l, n]。令 bird_new[m, l, n] = $bird_2$[m, l, n],转入步骤 12。

步骤 12　判断 bird_new[m, l, n]中拖轮的马力是否满足船舶 n 要求。若满足,则令 $l=l+1$,转入步骤 13;否则,令 $l=l+1$,转入步骤 14。

步骤 13　令 bird_new[m, l, n] = 0,即不为满足拖轮马力要求的船舶分配额外拖轮,转入步骤 15。

步骤 14　针对个体 m 中第 n 艘船舶的作业拖轮编号 bird[m, l, n]做四舍五入处理,得到 $bird_1$[m, l, n],判断 $bird_1$[m, l, n]是否满足拖轮约束条件。

若满足，则令 bird_new[m, l, n] = $bird_1$[m, l, n]；否则，在满足拖轮约束条件下，随机生成自然数 $bird_2$[m, l, n]。令 bird_new[m, l, n] = $bird_2$[m, l, n]，转入步骤 15。

步骤 15　若 $l=6$，则转入步骤 16，否则，令 $l=l+1$，转入步骤 11。

步骤 16　若 $n \geqslant v$，转入步骤 18，否则，转入步骤 17。

步骤 17　令 $n=n+1$，转入步骤 10。

步骤 18　令 $n=1$，转入步骤 19。

步骤 19　针对个体 m 中第 n 艘船舶的分配岸桥数 bird[m, 7, n]做四舍五入处理，得到 $bird_1$[m, 7, n]，判断 $bird_1$[m, 7, n]是否满足岸桥约束条件。若满足，则令 bird_new[m, 7, n] = $bird_1$[m, 7, n]；否则，在满足岸桥约束条件下，随机生成自然数 $bird_2$[m, 7, n]。令 bird_new[m, 7, n] = $bird_2$[m, 7, n]，转入步骤 20。

步骤 20　若 $n \geqslant v$，转入步骤 22，否则，转入步骤 21。

步骤 21　令 $n=n+1$，转入步骤 19。

步骤 22　令 $n=1$，转入步骤 23。

步骤 23　针对个体 m 中第 n 艘船舶的分配集卡数 bird[m, 8, n]做四舍五入处理，得到 $bird_1$[m, 8, n]，判断 $bird_1$[m, 8, n]是否满足集卡约束条件。若满足，则令 bird_new[m, 8, n] = $bird_1$[m, 8, n]；否则，在满足集卡约束条件下，随机生成自然数 $bird_2$[m, 8, n]。令 bird_new[m, 8, n] = $bird_2$[m, 8, n]，转入步骤 24。

步骤 24　若 $n \geqslant v$，转入步骤 26，否则，转入步骤 25。

步骤 25　令 $n=n+1$，转入步骤 23。

步骤 26　若 $m \geqslant$ bird_size，转入步骤 28，否则，转入步骤 27。

步骤 27　令 $m=m+1$，转入步骤 2。

步骤 28　完成种群规模为 bird _size 的可行-整数化处理。

在 F-IA 算法中，步骤 2～步骤 4 为船舶靠泊次序可行-整数化处理；步骤 5～步骤 8 为靠泊泊位可行-整数化处理；步骤 9～步骤 17 为分配拖轮可行-整数化处理；步骤 18～步骤 21 为分配岸桥数可行-整数化处理；步骤 22～步骤 25 为分配集卡数可行-整数化处理。F-IA 算法流程图如图 5-4 所示。

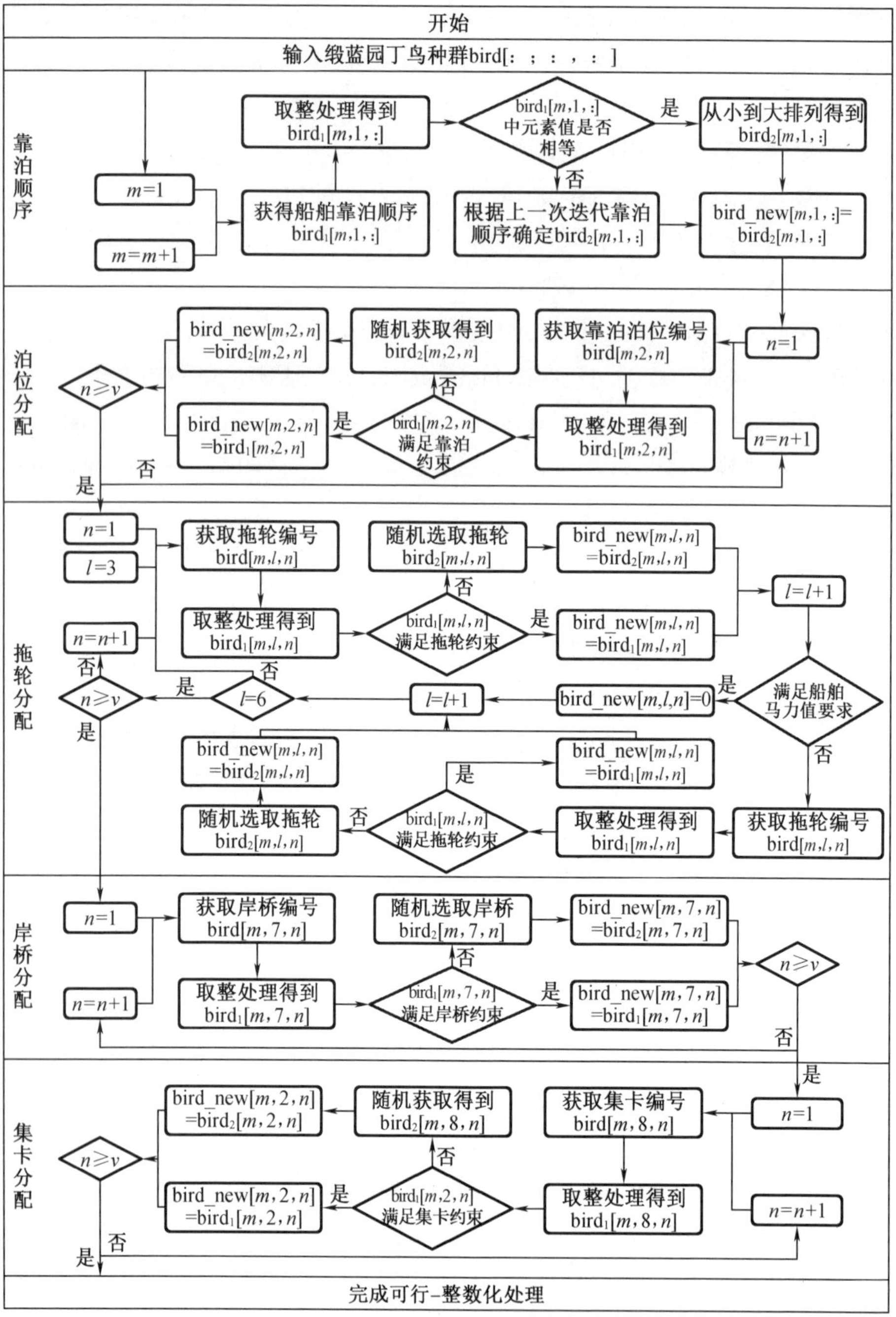

图 5-4 F-IA 算法流程图

5.4.3 求解流程设计

基于上述建立的 CQASBO 算法、从属变量确定方法、编码规则和 F-IA 算法,TAH-BUQCT 模型求解流程设计如下。

步骤 1 令 $q=1$,转入步骤 2。

步骤 2 设置种群规模 bird_size 及最大迭代次数 Q,设置 CQASBO 算法的超参数。

步骤 3 基于式(5-8)混沌种群初始化方法,初始化编码种群。

步骤 4 应用构建的 F-IA 算法,可行-整数化处理编码种群。

步骤 5 基于 TAH-BUQCT 模型从属变量确定方法,求解目标函数值。

步骤 6 寻找全局最优解 fit_{best} 及最优解所在位置 x_{best}。

步骤 7 基于 CQASBO 算法完成种群更新迭代。

步骤 8 如果 $q<Q$,则令 $q=q+1$,转入步骤 4,否则,转入步骤 9。

步骤 9 完成 TAH-BUQCT 模型求解过程。

5.5 分批滚动优化策略设计

本章针对 TAH-BUQCT_CQASBO 方法的应用场景,提出分批滚动优化策略。船舶到达集装箱码头前,需提供其靠泊信息,即船型大小、预计进港时间等。码头管理人员根据其预计到港时间,划分不同批次,TAH-BUQCT_CQASBO 方法将按不同批次进行优化;待船舶到达码头后,码头管理人员根据利用 TAH-BUQCT_CQASBO 方法优化得到的具有靠泊泊位、作业拖轮编号、分配岸桥编号、集卡数量的码头作业联合调度方案,安排船舶调度。当下一批船舶到来时,若前一批船舶已完成调度,则开始新一轮优化调度方案制订;若未完成调度,则等待直至前一批船舶调度完成后,进行下一批优化。如此滚动往复,码头管理人员应用 TAH-BUQCT_CQASBO 方法完成集装箱码头优化调度。分批滚动优化策略示意图如图 5-5 所示。

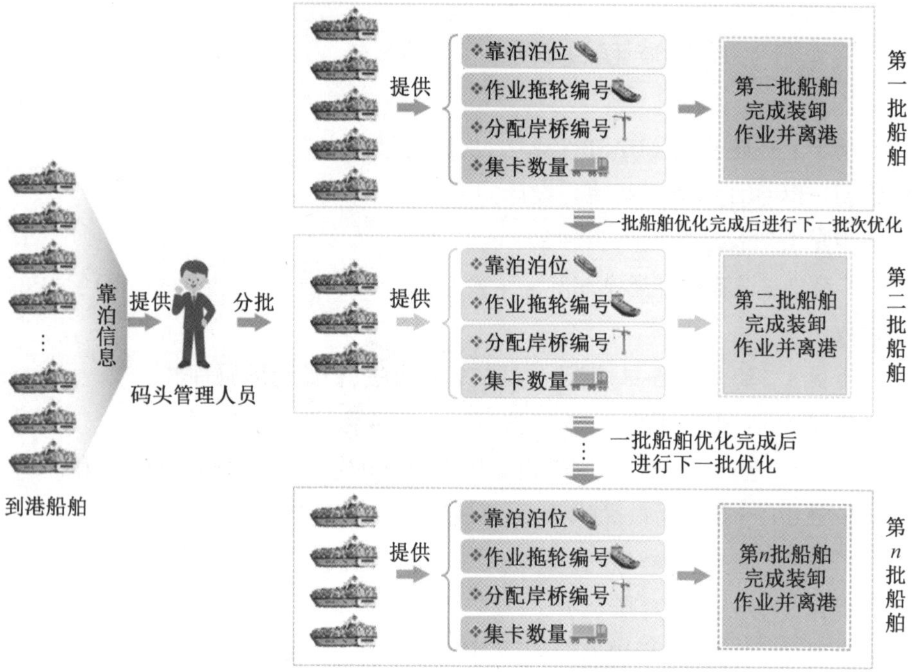

图 5-5　分批滚动优化策略示意图

第 6 章　集装箱码头作业联合调度优化实例研究

为了验证提出的 TAH-BUQCT 模型和 CQASBO 算法的有效性与优越性，本章采用两个不同规模的集装箱码头进行实例研究，系统地探讨多个因素对 TAH-BUQCT 模型有效性的影响，这些因素包括子目标函数权重分配、潮汐变化、船舶到港时间偏差以及集卡运输效率等；此外，分析了 TAH-BUQCT 模型的鲁棒性和稳健性，以评估其在复杂多变的环境中的适应能力；同时，针对 CQASBO 算法在求解 TAH-BUQCT 模型时的求解精度、稳定性与收敛性进行分析，旨在全面验证该算法在实际应用中的可靠性和实用性。

6.1　实例数据与计算环境

6.1.1　实例数据

本章以我国两个不同规模的集装箱码头为例，开展新模型子目标函数权重、潮汐变化、船舶到港时间偏差和集卡运输效率对调度有效性的影响分析，以及鲁棒性和稳健性测试研究；新算法在求解 TAH-BUQCT 模型时求解精度、稳定性与收敛性测试研究。

实例一参数如下。

(1)泊位数:4 个。

1~3 号泊位:长度 400 m,吃水深度 20 m。

4 号泊位:长度 400 m,吃水深度 30 m。

(2)岸桥数:12 个。

(3)水位时间窗:高水位、低水位时间窗长度均为 6 h。

(4)船舶到港时间偏差服从埃尔朗分布,具体参数为 $k_{TA}=6$,$\mu_{TA}=0.03$。

(5)岸桥理论装卸效率:30 TEU/(台·h)。

(6)船舶可接受的最大岸桥数:小、中、大型船舶分别为 3、4 和 5。

该码头位于我国华南地区,电网的基准排放因子为 0.895 9;能耗方面,岸桥装卸作业时电网的工作能耗为 120 (kW·h)/h,等待装卸作业时的能耗为 30 (kW·h)/h,移动岸桥每次会消耗 12 (kW·h)/h 的电能。

实例二参数如下。

(1)泊位数:2 个。

1 号泊位:长度 400 m,吃水深度 20 m。

2 号泊位:长度 400 m,吃水深度 30 m。

(2)岸桥数:6 个。

其他参数与实例一相同。

关于码头的集卡,其空载速度 $v_h \sim N(v_h;\ 35,\ 4)$,单位为 km/h,重载速度 $v_l \sim N(v_l;\ 25,\ 4)$,单位为 km/h。每辆集卡自重 4.5 t,怠速油耗率为 2.14 L/h。整个集装箱码头共有 45 辆集卡,集卡碳排放量系数为 2.65 kg/L。集装箱规格为 20 尺柜①,每个集装箱毛重 17.5 t,自重 2.3 t。

码头共配备 6 艘拖轮。当船舶 i 作业时,拖轮单位时间产生的燃油成本 C_i 随机取值于 1 500~1 800 元/h。这些拖轮可提供的最大马力分别为 4 000 hp②、5 200 hp、5 200 hp、5 200 hp、6 500 hp 和 6 500 hp。

船舶长度与拖轮需提供的马力值关系见表 6-1。

表 6-1　船舶长度与拖轮马力值对应关系

船舶长度/m	(0, 95)	[95, 150)	[150, 200)	[200, 250)	[250, 300)	[300, 350)	[350, 390)
马力值/hp	>1 200	>4 000	>5 200	>6 400	>8 000	>10 000	>15 000

本章考虑以 6 艘到港船舶为一个编组,进行实例研究。船舶长度(VL)、吃水深度(VD)、载重量(VE)、偏好泊位(VP)、要求最小岸桥数(VCm)、最大岸桥数(VCM)、所需最小马力值(HP)、船舶 i 停靠在 j 泊位与目标堆场之间的距离(D_{ij})、拖轮运输距离(DT)见表 6-2。

---

① 20 尺柜的内容积为 5.69 m×2.13 m×2.18 m,配货毛重一般为 17.5 t,体积为 24~26 m^3。

② 1 hp=745.699 9 W。

表 6-2 两个集装箱码头到港船舶参数信息

	编号	VL/m	VD/m	VE/t	VCm/个	VCM/个	DS_{i1}/km	DS_{i2}/km	DS_{i3}/km	DS_{i4}/km	HP/hp	DT/km
实例一	1	100	5	100	1	3	1 831	2 290	2 574	3 031	4 000	23
	2	200	8	250	1	3	2 499	1 934	2 139	2 566	6 400	17
	3	200	8	250	1	3	2 499	1 934	2 139	2 566	6 400	11
	4	250	15	500	1	4	3 114	2 535	2 054	2 922	8 000	13
	5	400	30	1 000	1	5	3 157	2 861	2 273	2 015	10 000	27
	6	400	30	1 000	1	5	3 157	2 861	2 273	2 015	10 000	19
实例二	1	100	5	100	1	3	1 831	2 290	—	—	4 000	12
	2	200	8	250	1	3	2 499	1 934	—	—	6 400	8
	3	200	8	250	1	3	2 499	1 934	—	—	6 400	6
	4	250	15	500	1	4	3 114	2 535	—	—	8 000	13
	5	400	30	1 000	1	5	3 157	2 861	—	—	10 000	9
	6	400	30	1 000	1	5	3 157	2 861	—	—	10 000	16

6.1.2 计算环境

本章实例分析使用的是 12th Gen Intel(R) Core(TM) i7-12700H, 2.30 GHz CPU,16 GB RAM, NVIDIA GeForce RTX 3050Ti GPU 的个人计算机,操作系统为 Windows 11。

实例分析环境为 Anaconda3 搭建的虚拟环境,编程语言采用 Python3.9,数据库采用的是 MySQL 软件。

6.2 新联合调度模型优化有效性分析

6.2.1 子目标函数权重对调度模型有效性的影响分析

码头最理想的状态是船舶在港时间、作业成本与碳排放量同时达到最小,但各部分影响因素存在着相互制约的关系,难以达到同时最优。为满足码头不同时期的调度需求,权重调节因子 ω_1、ω_2、ω_3 和 ω_4 被引入到 TAH-BUQCT 模型中,以实现为不同需求的码头制订匹配的调度方案。为测试权重调节因子对 TAH-BUQCT 模型的影响,本节设定 4 组具有代表性的权重取值及应用情形,见表 6-3。

表 6-3 权重系数取值及其应用场景

应用情形	应用情形描述	ω_1	ω_2	ω_3	ω_4
应用情形 I 聚焦降低码头船舶在港时间	当集装箱码头处于旺季时,到港船舶数量较多,导致码头内大量船舶滞留,需提高集装箱码头作业效率,减少船舶在港停留时间,此时,可通过提高权重 ω_1 的取值,减少船舶在港时间,提高船东的满意度	0.7	0.1	0.1	0.1

表 6-3(续)

应用情形	应用情形描述	ω_1	ω_2	ω_3	ω_4
应用情形Ⅱ 聚焦降低拖轮燃油成本	当集装箱码头处于淡季时,到港船舶较少,码头利益低,集装箱港口应降低拖轮的燃油成本,进而保证集装箱港口利益。此时,可通过提高权重 ω_2 的取值,来减小码头的能源消耗,实现港口利益的提升	0.1	0.7	0.1	0.1
应用情形Ⅲ 聚焦降低岸桥碳排放量	当集装箱码头到港船舶较少,对码头岸线装卸作业的要求较低,而岸桥作业所产生的电能消耗较大时,可通过提高权重 ω_3 的取值,减小岸桥装卸作业碳排放量,来降低码头作业成本,节约码头用电量	0.1	0.1	0.7	0.1
应用情形Ⅳ 聚焦降低集卡碳排放量	当集装箱码头作业情况比较乐观,但码头周边环境空气污染物饱和度较高时,为了提高空气质量,减少对空气污染,此时可通过提高权重 ω_4 的取值,来减少集卡燃油碳排放量,减少环境污染,实现对环境保护的目标	0.1	0.1	0.1	0.7

注:本表中各种情况的权重仅为测试使用,在应用过程中需根据具体情况进行确定。

按上述 4 组权重系数取值分别进行计算,在其他条件相同的情况下,计算结果见表 6-4 和图 6-1。

表 6-4　4 种应用情形下调度方案结果

	船舶在港时间/h	拖轮燃油成本/元	岸桥碳排放量/kg	集卡碳排放量/kg
应用情形Ⅰ	7.28	12 532.73	13 923.39	15 923.13
应用情形Ⅱ	10.24	7 932.81	12 832.49	13 892.41
应用情形Ⅲ	15.22	11 253.12	8 923.42	9 832.33
应用情形Ⅳ	14.92	10 943.83	10 452.67	7 323.59

应用情形Ⅰ相较于应用情形Ⅱ、应用情形Ⅲ与应用情形Ⅳ,通过提高权重 ω_1 的取值,可以有效降低船舶在港时间 28.86%、52.13%和 51.20%。同时不难发现,拖轮燃油成本、岸桥碳排放量与集卡碳排放量均有所增多,其原因在于降

低船舶的在港时间需提升码头的装卸效率，即提升拖轮周转效率、岸桥装卸效率与集卡的作业效率，进而会提升拖轮、岸桥与集卡的作业成本，而岸桥和集卡的作业成本与其碳排放量呈正相关关系，二者的碳排放量均稍微有所提升，但其损失仍在可接受的范围内。综上所述，TAH-BUQCT 模型能够获得具有更少船舶在港时间的调度方案，同时拖轮燃油成本、岸桥碳排放量与集卡碳排放量提升在可接受范围内，进而实现了在旺季集装箱码头的高效作业，减少了船舶在港时间，提高了船东的满意度。

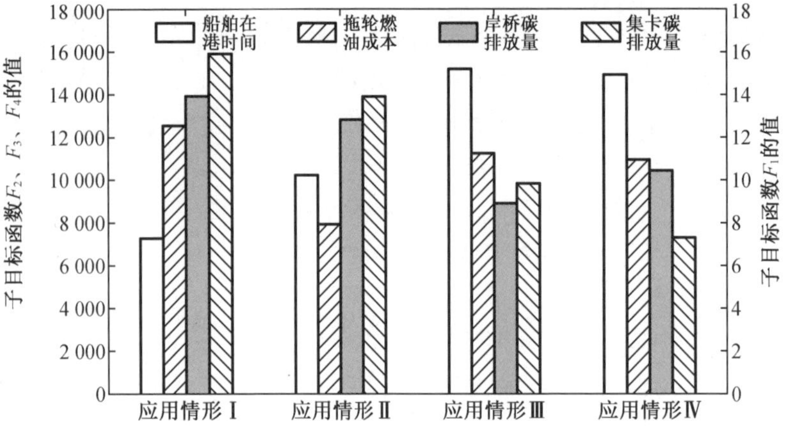

图 6-1　4 种应用情形下调度方案结果

应用情形Ⅱ相较于应用情形Ⅰ、应用情形Ⅲ与应用情形Ⅳ，通过提高权重 ω_2 的取值，可以有效降低拖轮燃油成本 36.70%、29.51%和 27.51%。这意味着权重 ω_2 取值的提升，使拖轮以成本最低廉、运输距离最少的方式完成了相应调度工作。拖轮作业成本的下降必然导致船舶进港时间变长，但由于码头处于淡季，到港船舶较少，船舶在港时间的损失是可以被接受的。

应用情形Ⅲ相较于应用情形Ⅰ、应用情形Ⅱ与应用情形Ⅳ，通过提高权重 ω_3 的取值，可以有效降低岸桥碳排放量 35.91%、30.46%和 14.63%。这说明在船舶到港较少、岸线资源充足的情况下，岸桥碳排放量的降低会导致装卸效率低下与码头生产运营节奏变缓，可提供一个确保船舶在港时间、拖轮燃油成本及集卡碳排放量在可接受范围的调度方案，以实现对岸桥碳排放量的控制，降低集装箱码头电能的消耗，最终实现节约码头用电量的目标。

应用情形Ⅳ相较于应用情形Ⅰ、应用情形Ⅱ与应用情形Ⅲ，通过提高权重 ω_4 的取值，可以有效降低集卡碳排放量 54.01%、47.28%和 25.52%。集卡与岸桥装卸作业相辅相成，集卡的碳排放量降低，必然会导致岸桥装卸效率下降，船舶在港时间因此会有所提升。所以，当集装箱码头作业情况比较乐观，但码头周边环境空气污染物饱和度较高时，通过增大 ω_4 的取值，可实现集卡的碳排放量降低，以实现对环境保护的目标。

本节通过增加对应子目标函数权重来降低子目标函数值的尝试是有效的。同时，通过4种情形下调度方案的结果可以看出，船舶在港时间与岸桥和集卡的碳排放量呈负相关的关系，拖轮燃油成本随其他权重变化浮动不大，岸桥碳排放量与集卡碳排放量二者呈正相关的关系。当某一权重系数提高时，对应的目标函数能够获得一个较为理想的结果，其他指标虽可能有所提高，但仍在可接受的范围内。因此，码头管理者可以根据不同时期的具体需求，通过调节权重大小，来获得不同时期相对最佳的调度方案。

6.2.2 潮汐变化对调度模型有效性的影响分析

本章为了测试建立的TAH-BUQCT模型，看潮汐变化对船舶进港调度是否存在影响，控制船舶到港时间为一个固定值，分别选取高/低水位时间窗的长度(W)为6 h、8 h和10 h的情形进行实例分析，船舶调度情况如图6-2所示。

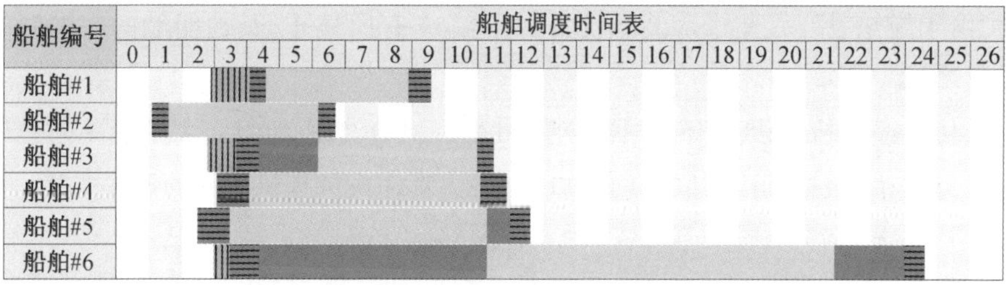

(a) 高/低水位时间窗的长度为6 h船舶调度时间表

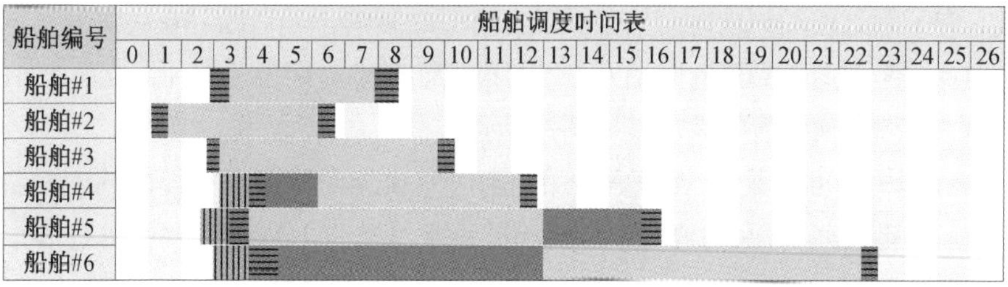

(b) 高/低水位时间窗的长度为8 h船舶调度时间表

港外锚地等待　拖轮作业全过程　岸桥装卸作业　港内锚地等待

图6-2 潮汐变化对调度模型影响测试结果

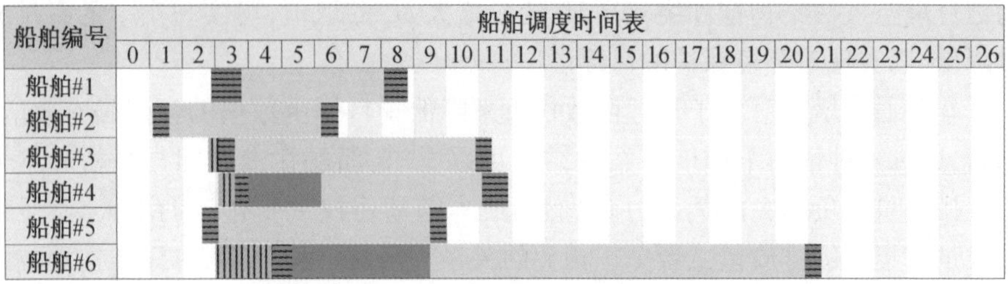

(c) 高/低水位时间窗的长度为 10 h 船舶调度时间表

图 6-2(续)

从图 6-2 可以看出,随着高/低水位时间窗长度的改变,TAH-BUQCT 模型可以提供不同的调度方案。当 $W=6$ 时,大型船舶#5 和大型船舶#6 受到潮汐变化影响,船舶出港时间有所延迟;当 $W=8$ 时,在调度过程中,优先让 4 艘小型船舶提前进港,避免由于大型船舶受潮汐影响导致的时间延迟,使得小型船舶在港作业时间受到影响;当 $W=10$ 时,TAH-BUQCT 模型可为到港的大型船舶#5 提供拖轮、岸桥与集卡的优先服务,提高对船舶#5 的装卸效率,减少船舶#5 的装卸作业时间,保障船舶#5 能够在高水位时间窗驶出码头。但同时也可以看出,由于拖轮、岸桥、集卡等装卸设备对船舶#5 有所偏重,其他船舶的在港时间有所增长。

从上述分析可以看出,本书构建的 TAH-BUQCT 模型引入潮汐变化的尝试是可行的,可根据潮汐时间窗的长短,为码头管理人员提供不同的调度方案。

6.2.3 船舶到港时间偏差对调度模型有效性的影响分析

为了测试船舶到港时间偏差对调度模型的影响,本节开展 10 次实例测试,分别计算考虑船舶到港时间偏差与不考虑船舶到港时间偏差两种情况的 TAH-BUQCT 模型,测试结果统计如图 6-3 所示。

由图 6-3 可以看出,在考虑船舶到港时间偏差的情况下获得的调度方案,在船舶在港时间方面,均值与中位线相差不大,第一四分位数(25%位点值)与第三四分位数(75%位点值)包含的范围更广,其四分位数间距约为不考虑船舶到港时间偏差的 2 倍左右,且内上限值(最大观测值)与内下限值(最小观测值)间隔更大;在拖轮燃油成本方面,二者第一四分位数接近,考虑船舶到港时间偏差的第三四分位数低于不考虑船舶到港时间偏差的第三四分位数 12.98%左右,说明考虑船舶到港时间偏差的四分位数间距更大;在岸桥碳排放量与集卡碳排放量方面,二者箱形图接近,虽然观测值有所偏差,但偏差较小,主要因船舶到港时间偏差影响了泊位调度与拖轮调度方案的制订,但对于岸桥与集卡而言,间接影响较小,会引起上下浮动,但仍在可接受的范围内。

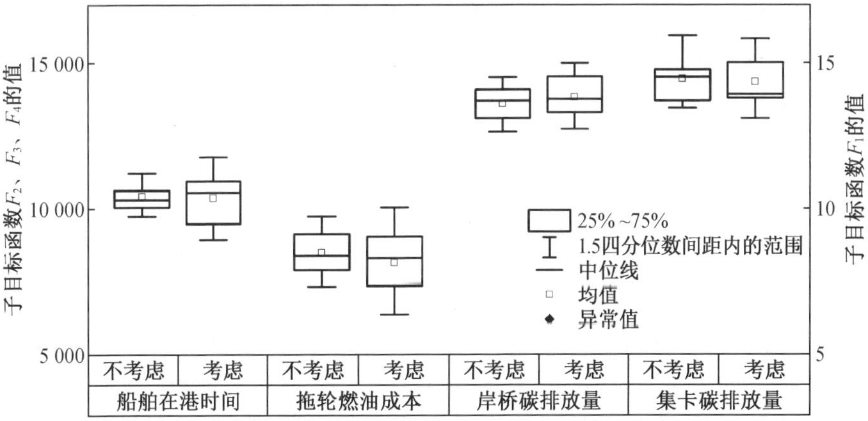

图 6-3 在考虑/不考虑船舶到港时间偏差两种情形下的 4 个目标函数分布统计

综上所述,TAH-BUQCT 模型能够获得数据分布更均匀的调度结果,特别是因船舶到港时间偏差对泊位调度与拖轮调度的影响,在考虑船舶到港时间偏差的情况下,船舶在港时间与拖轮燃油成本的数据分布更离散,说明通过引入船舶到港时间偏差,能够获得一个可调控的解空间,进而获得一个更为灵活的调度方案,以降低船舶到港时间偏差的影响。

6.2.4 集卡运输效率对调度模型有效性的影响分析

为了测试集卡运输效率对集卡运输速度的影响,本章在考虑集卡运输效率与不考虑集卡运输效率两个方面,开展 10 次实例测试,两种情形下目标函数分布情况如图 6-4 所示。

由图 6-4 可以看出,在考虑集卡运输效率产生的影响时获得的调度方案,各子目标函数的离散性都有所增大,在船舶在港时间方面,相较于不考虑集卡运输效率的调度结果,考虑集卡运输效率可以增加其四分位数间距范围约 34.24%,同时其内下限值由原来的 9.08 降低为 7.93;在拖轮燃油成本方面,考虑集卡运输效率的影响,能够获得一个内上限值与第一四分位值更高,且内下限值与第三四分位值更低的调度方案,其四分位数间距能够增加 23.07%左右;在岸桥碳排放量方面,是否考虑集卡运输效率的影响对第三四分位值的影响不大,但考虑集卡运输效率的调度结果时,第一四分位值更高,其四分位数间距约为不考虑集卡运输效率调度方案的 33.77%,同时明显具有更高的内上限值和更低的内下限值;在集卡碳排放量方面,考虑集卡运输效率可增加四分位数间距范围约 15.52%左右,同时内上限值由 14 835.93 提升至 15 843.82。

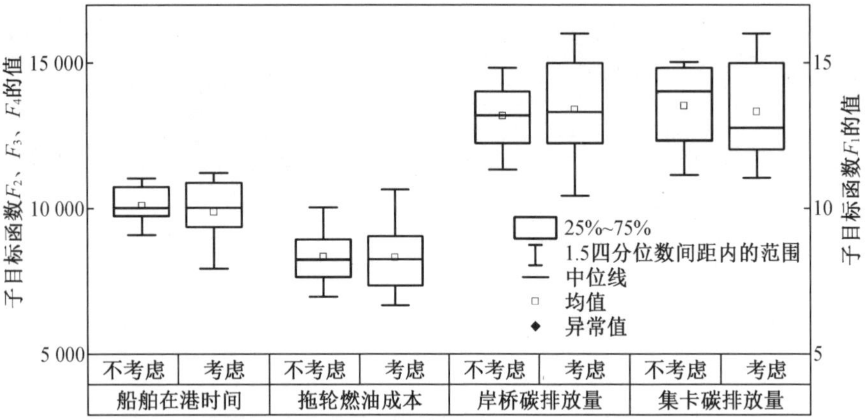

图 6-4　在考虑/不考虑集卡运输效率两种情形下的 4 个目标函数分布统计

综上所述,集卡运输效率的引入能够获得一个具有更多、更灵活的调度方案,进而减小集卡运输效率对集装箱码头调度方案的影响,因此计入集卡运输效率建立 TAH-BUQCT 模型的尝试是可行的。

6.2.5　调度模型的鲁棒性分析

本节通过对两个不同码头规模的测试,开展 TAH-BUQCT 模型的鲁棒性分析。不同码头规模下调度模型实例分析结果见表 6-5 和图 6-5。

表 6-5　不同码头规模调度模型实例分析结果

港口规模	船舶在港时间/h	拖轮燃油成本/元	岸桥碳排放量/kg	集卡碳排放量/kg
小规模码头	7.98	6 392.92	11 235.23	10 924.24
大规模码头	9.42	9 095.21	15 266.19	14 686.16

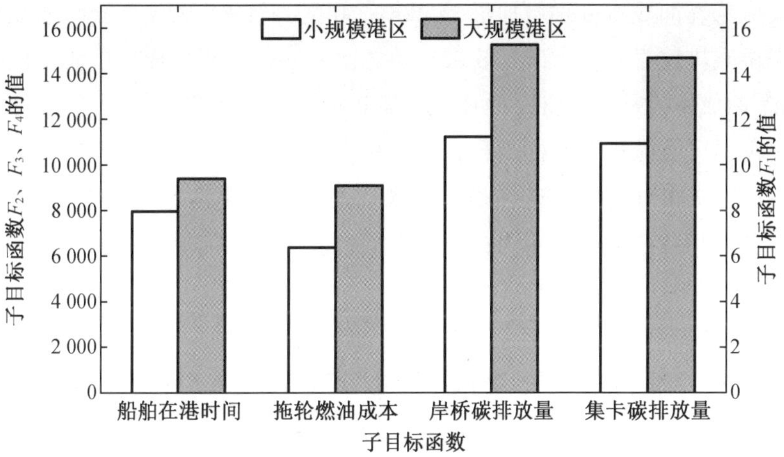

图 6-5 不同码头规模调度模型实例分析结果

根据 6.2.1 节的描述与表 6-2 所示,从小规模码头(实例二)到大规模码头(实例一),码头的规模增加了近 1 倍。但表 6-5 和图 6-5 反映出,虽然各子目标函数值有所增长,然而增长幅度不足 50%(船舶在港时间增加 18.01%,拖轮燃油成本增加 42.27%,岸桥碳排放量增加 35.88%,集卡碳排放量增加 34.44%)。由此可以说明,本书建立的 TAH-BUQCT 模型能够适应不同的码头规模,具有一定的鲁棒性,并且随着码头规模的增加,模型优化的问题越复杂,所表现出的优化能力越好。

6.2.6 调度模型的稳健性分析

本节通过改变不同作业条件(拖轮作业燃油成本、岸桥作业效率、集卡碳排放量系数),测试构建的 TAH-BUQCT 模型的稳健性。

1. 拖轮作业单位时间产生的燃油成本对 TAH-BUQCT 模型的影响

为了测试拖轮作业单位时间产生的燃油成本对 TAH-BUQCT 模型的影响,本节设置了 4 种不同的拖轮作业单位时间产生的燃油成本 C_i 的取值区间,即[1 200, 1 500]、[1 500, 1 800]、[1 800, 2 100]和[2 100, 2 400],并分别计算在对应取值区间下的各子目标函数值。计算结果见表 6-6 和图 6-6。

从表 6-6 和图 6-6 可以看出,随着拖轮作业单位时间产生燃油成本的增长,码头的拖轮燃油成本也逐步提升(相较于燃油成本区间为[1 200, 1 500]的情况,在燃油成本区间为[1 500, 1 800]、[1 800, 2 100]和[2 100, 2 400]三种情况下,拖轮燃油成本分别增加了 25.80%、50.92%和 81.92%),同时船舶在港时间、岸桥碳排放量与集卡碳排放量也随之增加。这说明当拖轮作业单位时间产生的燃油成本发生改变时,TAH-BUQCT 模型能够动态调整其余子目标函数,以实现尽可能减小总目标函数 F 的目标。因此,通过上述分析可以看出,本书构建的 TAH-BUQCT 模型,在面对未来燃油成本发生变化的问题时,能够表现出一定的稳健性,为集装箱码头管理人员提供与当前拖轮燃油单位成本相匹配的调度方案。

表 6-6　同一码头不同拖轮作业单位时间产生的燃油成本实例分析结果

拖轮作业单位时间产生的燃油成本 C_i 的取值区间	船舶在港时间/h	拖轮燃油成本/元	岸桥碳排放量/kg	集卡碳排放量/kg
[1 200, 1 500]	9.83	6 965.71	10 224.51	13 825.32
[1 500, 1 800]	10.55	8 763.05	11 073.13	14 780.94
[1 800, 2 100]	10.78	10 512.48	12 823.89	15 152.20
[2 100, 2 400]	12.28	12 671.70	13 499.72	16 234.29

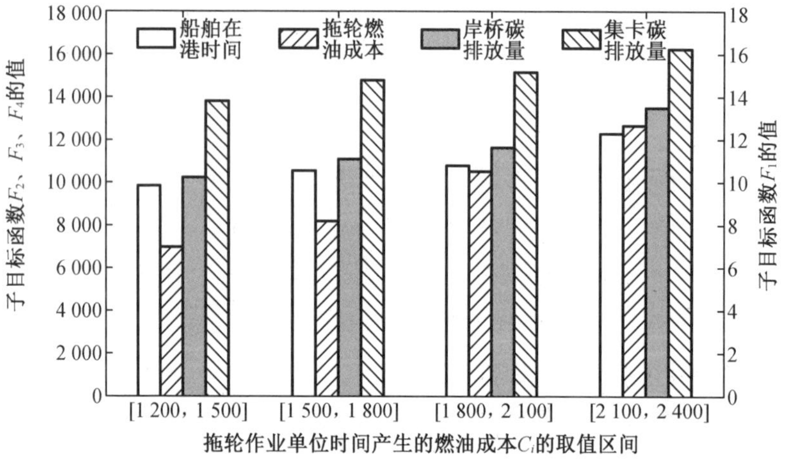

图 6-6　同一码头不同拖轮作业单位时间产生的燃油成本实例分析结果

2. 岸桥作业效率对 TAH-BUQCT 模型的影响

随着未来装卸机械的迭代升级,装卸效率会逐步提升。为了测试本书建立的 TAH-BUQCT 模型随着装卸效率的提升而是否仍能具有稳健性,本节设置了 4 种不同的装卸效率,即 25 TEU/(台·h)、30 TEU/(台·h)、35 TEU/(台·h)

和 40 TEU/(台·h),并分别计算不同装卸效率下,经 TAH-BUQCT 模型优化后,各子目标函数的取值。计算结果见表 6-7 和图 6-7。

表 6-7 同一码头不同岸桥作业效率实例分析结果

岸桥装卸效率 /[TEU·(台·h)$^{-1}$]	船舶在港时间/h	拖轮燃油成本/元	岸桥碳排放量/kg	集卡碳排放量/kg
25	14.64	10 512.48	17 007.11	15 039.02
30	12.41	9 101.85	14 179.97	14 987.91
35	10.40	9 412.49	12 570.63	15 049.24
40	8.96	9 065.93	10 823.73	14 683.90

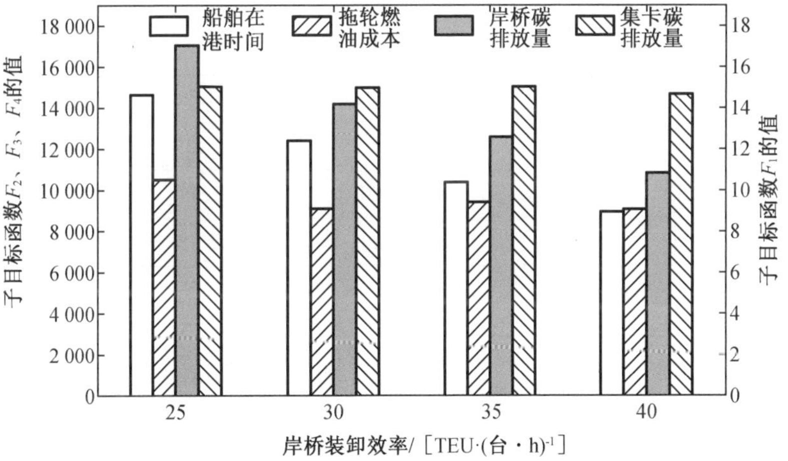

图 6-7 同一码头不同岸桥作业效率实例分析结果

从表 6-7 和图 6-7 可以看出,随着码头岸桥装卸效率的提升,因船舶装卸时间降低,船舶在港时间也随之降低[相较于岸桥装卸效率为 25 TEU/(台·h)的情况,在岸桥装卸效率为 30 TEU/(台·h)、35 TEU/(台·h)和 40 TEU/(台·h)三种情况下,船舶在港时间分别降低了 7.30%、9.60%和 24.92%],进而岸桥碳排放量也逐步降低[相较于岸桥装卸效率为 25 TEU/(台·h)的情况,在岸桥装卸效率为 30 TEU/(台·h)、35 TEU/(台·h)和 40 TEU/(台·h)三种情况下,岸桥碳排放量分别降低了 8.30%、25.42%和 32.03%]。拖轮燃油成本和集卡的碳排放量与岸桥装卸作业直接相关性较小,因此变化不大,较为稳定。由此可以说明，本书建立的 TAH-BUQCT 模型可以在一定程度上适应岸桥装卸效率的变化，并随着岸桥装卸效率的提升，船舶在港时间与岸桥碳排放量随之减小，能够为集装箱码头管理者提供对应的调度方案。

3. 集卡碳排放量系数对 TAH-BUQCT 模型的影响

新时代背景下“双碳”战略对集装箱码头提出了新的期待与要求。随着科技与经济的发展，码头装卸应逐步趋于绿色低碳，集卡的碳排放量系数也会逐步降低。为测试本书建立的 TAH-BUQCT 模型是否能够适应未来发展要求，本节设置了 4 种不同的碳排放量系数，即 2.85 kg/L、2.65 kg/L、2.45 kg/L 和 2.25 kg/L，测试结果见表 6-8 和图 6-8。

表 6-8 同一码头不同集卡碳排放量系数实例分析结果

集卡碳排放量系数/($kg \cdot L^{-1}$)	船舶在港时间/h	拖轮燃油成本/元	岸桥碳排放量/kg	集卡碳排放量/kg
2.85	11.99	10 718.91	12 001.26	16 594.04
2.65	11.51	11 888.91	11 073.13	15 152.20
2.45	11.60	9 635.88	9 712.71	13 654.75
2.25	10.23	9 139.24	9 612.48	11 933.51

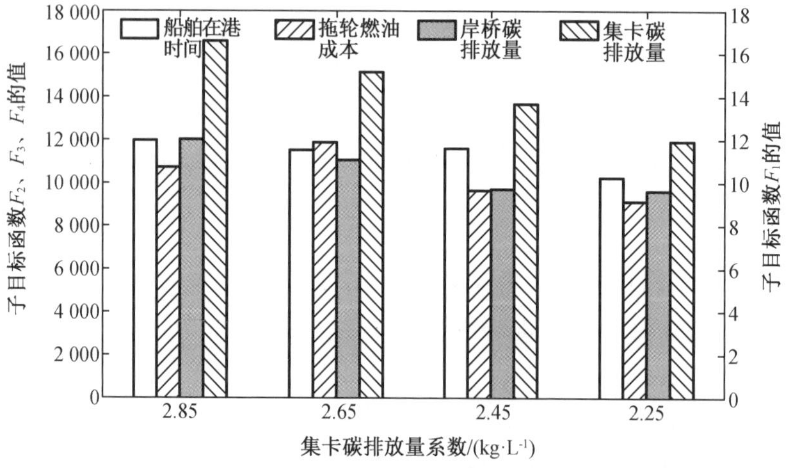

图 6-8 同一码头不同集卡碳排放量系数实例分析结果

从表 6-8 和图 6-8 可以看出，本书构建的 TAH-BUQCT 模型在面对集卡碳排放量系数下降时，集卡碳排放量也随之逐步下降（相较于碳排放量系数为

2.85 kg/L 的情况，在碳排放量系数为 2.65 kg/L、2.45 kg/L 和 2.25 kg/L 三种情况下，集卡碳排放量分别降低了 8.68%、17.71%和 28.09%）。船舶在港时间、拖轮燃油成本与岸桥碳排放量虽有所浮动，但整体也呈现下降趋势。这说明随着集卡碳排放量系数的下降，通过 TAH-BUQCT 模型计算，能够为码头管理者提供一个更为优质的调度计划。

6.3 新求解算法优化有效性分析

为评估本书提出的 CQASBO 算法在求解 TAH-BUQCT 模型时的表现，本章选用应用比较广泛的遗传算法和粒子群优化算法进行测试，同时选取最新研究提出的性能表现较为良好的自适应球形搜索算法、基于莱维飞行的自适应差分进化算法、改进的协方差矩阵适应演化策略和哈里斯鹰优化算法进行测试。此外，本书还选择 SBO 算法、ASBO 算法、CSBO 算法和 QSBO 算法来测试 CQASBO 算法改进的有效性。采用控制变量的思想对算法参数进行选择和比较，可避免不同算法参数对求解精度所产生的不同影响。表 6-9 显示了所选优化算法的超参数取值。

表 6-9 本书选取的 11 种算法超参数取值表

智能优化算法（8 种）					
序号	算法名称	种群规模	迭代次数	其他超参数	
1	遗传算法	50	100	$p_c=0.18$	$p_m=0.1$
2	粒子群优化算法	50	100	$c_1=2$	$c_2=2.0$
3	哈里斯鹰优化算法	50	100	—	—
4	SBO 算法	50	100	$f_c=2$	$p_m=0.1$
5	ASBO 算法	50	100	$f_c=2$	$p_m=0.1$
6	CSBO 算法	50	100	$f_c=2$	$p_m=0.1$
7	QSBO 算法	50	100	$f_c=2$	$p_m=0.1$
8	CQASBO 算法	50	100	$f_c=2$	$p_m=0.1$

表 6-9(续)

启发式算法(3 种)		
序号	算法名称	算法超参数
9	自适应球形搜索算法	$N=100$, $H=50$
10	基于莱维飞行的自适应差分进化算法	$N_{\min}=4$, $q_0=0.5$, $M_{CR}=0.5$, $M_F=0.5$, $M_{CRL}=0.5$, $M_{FL}=0.5$
11	改进的协方差矩阵适应演化策略	$P_\sigma=0$, $P_c=0$, $C^0=0$, $FE_{\max}=100$

6.3.1 算法求解的精度分析

本节应用上述 11 种算法在实例一的场景下进行测试,计算结果见表 6-10 和表 6-11。

表 6-10　11 种算法应用求解 TAH-BUQCT 模型时 1~5 次求解结果

实例(100 次迭代)		1	2	3	4	5
子目标函数 F_1:船舶在港时间/h	遗传算法	14.13	15.05	14.64	14.80	12.84
	粒子群优化算法	19.73	16.52	17.28	17.05	20.64
	自适应球形搜索算法	13.10	10.70	10.90	9.78	10.00
	基于莱维飞行的自适应差分进化算法	12.28	14.79	13.64	11.51	11.61
	改进的协方差矩阵适应演化策略	13.22	13.18	15.37	12.82	13.09
	哈里斯鹰优化算法	11.48	13.27	12.41	11.86	11.99
	SBO 算法	13.97	9.64	13.88	15.53	14.93
	ASBO 算法	12.28	10.75	10.26	9.18	9.46
	CSBO 算法	13.17	12.62	11.60	12.00	12.30
	QSBO 算法	8.96	10.78	10.55	8.57	11.41
	CQASBO 算法	11.01	9.71	9.42	11.30	10.85

表 6-10(续 1)

实例(100 次迭代)		1	2	3	4	5
子目标函数 F_2：拖轮燃油成本/元	遗传算法	10 718.91	14 008.52	13 380.34	14 310.16	42 901.21
	粒子群优化算法	6 578.47	10 479.27	17 937.33	25 308.58	25 199.94
	自适应球形搜索算法	17 758.62	16 176.99	8 754.06	16 099.02	18 333.54
	基于莱维飞行的自适应差分进化算法	9 906.63	15 725.22	8 916.49	18 783.63	12 671.70
	改进的协方差矩阵适应演化策略	20 807.53	10 922.22	12 722.76	17 254.64	18 009.30
	哈里斯鹰优化算法	9 067.63	22 730.14	9 101.85	19 656.42	11 888.91
	SBO 算法	16 575.51	8 308.36	7 696.95	7 139.96	13 712.42
	ASBO 算法	17 611.70	13 232.24	16 461.40	8 154.34	9 412.49
	CSBO 算法	27 660.30	7 302.94	7 256.75	7 440.34	10 512.48
	QSBO 算法	18 742.57	20 280.27	10 633.58	19 323.87	9 065.93
	CQASBO 算法	15 610.79	6 276.67	9 095.21	9 559.35	6 954.93
子目标函数 F_3：岸桥碳排放量/kg	遗传算法	17 007.11	20 303.72	18 988.59	18 324.50	15 542.85
	粒子群优化算法	21 258.14	19 719.72	18 481.08	18 171.15	19 144.33
	自适应球形搜索算法	13 200.72	13 593.49	11 986.71	12 560.59	14 532.75
	基于莱维飞行的自适应差分进化算法	14 771.18	14 060.21	12 169.26	12 963.39	13 499.72
	改进的协方差矩阵适应演化策略	13 866.47	14 179.97	15 187.55	12 956.51	14 716.24
	哈里斯鹰优化算法	12 340.90	14 846.82	12 965.21	12 270.22	13 778.19
	SBO 算法	12 001.26	14 637.08	10 224.51	15 470.86	17 712.49
	ASBO 算法	16 731.12	12 570.63	15 638.33	12 842.43	11 073.13
	CSBO 算法	27 591.15	7 284.68	10 823.49	7 421.74	10 486.20
	QSBO 算法	17 805.44	19 266.26	10 101.90	18 357.68	8 612.64
	CQASBO 算法	12 902.97	12 119.83	15 266.19	14 260.47	12 910.85

表 6-10(续 2)

实例(100 次迭代)		1	2	3	4	5
子目标函数 F_4:集卡碳排放量/kg	遗传算法	15 872.59	15 287.04	15 615.82	14 384.98	15 469.65
	粒子群优化算法	15 478.25	16 112.44	15 205.43	15 318.19	14 656.74
	自适应球形搜索算法	14 825.20	15 901.34	15 716.39	15 335.03	15 477.50
	基于莱维飞行的自适应差分进化算法	15 233.48	15 231.95	16 050.26	15 274.34	14 921.14
	改进的协方差矩阵适应演化策略	15 585.31	15 065.35	14 966.63	15 536.62	15 863.59
	哈里斯鹰优化算法	15 279.87	15 049.24	15 039.02	15 884.84	15 917.75
	SBO 算法	15 940.95	15 377.08	16 594.04	15 213.65	16 276.24
	ASBO 算法	14 603.65	14 987.91	14 524.90	14 452.65	14 657.34
	CSBO 算法	16 289.62	17 770.45	16 461.22	17 020.11	15 148.42
	QSBO 算法	15 057.14	15 150.08	15 230.87	14 913.38	15 152.20
	CQASBO 算法	14 294.96	15 289.07	14 686.16	14 017.76	14 780.94
目标函数 F	遗传算法	14 431.46	16 162.28	15 656.27	15 455.26	21 687.89
	粒子群优化算法	15 760.10	15 707.50	17 225.27	18 961.20	19 910.93
	自适应球形搜索算法	14 721.38	14 093.51	11 839.99	13 444.10	14 585.19
	基于莱维飞行的自适应差分进化算法	13 049.00	14 950.82	12 693.27	14 633.04	13 175.76
	改进的协方差矩阵适应演化策略	15 869.13	13 335.87	14 561.48	14 642.96	15 419.06
	哈里斯鹰优化算法	12 042.59	16 472.89	12 378.19	14 917.29	13 393.96
	SBO 算法	14 622.24	11 991.08	12 099.55	13 337.75	15 657.32
	ASBO 算法	15 307.14	12 885.89	14 220.64	11 157.77	11 151.83
	CSBO 算法	21 178.44	11 243.81	11 535.87	10 971.70	12 110.69
	QSBO 算法	15 141.27	16 368.29	11 629.13	15 290.93	11 061.20
	CQASBO 算法	13 454.88	10 849.20	12 117.06	12 285.30	11 375.07

表 6-11 11 种算法应用求解 TAH-BUQCT 模型时 6~10 次求解结果

实例(100 次迭代)		6	7	8	9	10
子目标函数 F_1：船舶在港时间/h	遗传算法	14.88	12.85	14.06	14.31	15.40
	粒子群优化算法	17.52	19.26	17.31	15.16	20.30
	自适应球形搜索算法	10.30	11.26	10.87	10.73	9.74
	基于莱维飞行的自适应差分进化算法	11.45	12.44	10.75	13.86	12.27
	改进的协方差矩阵适应演化策略	15.24	11.50	14.58	13.15	12.23
	哈里斯鹰优化算法	12.25	12.33	14.19	9.20	10.40
	SBO 算法	15.82	13.42	11.98	9.87	13.72
	ASBO 算法	11.89	11.60	11.88	10.88	10.32
	CSBO 算法	13.92	12.87	16.10	13.86	11.03
	QSBO 算法	13.82	9.83	8.70	10.40	11.69
	CQASBO 算法	10.42	9.21	11.83	9.55	9.99
子目标函数 F_2：拖轮燃油成本/元	遗传算法	39 171.95	11 066.53	10 045.91	22 525.93	30 764.54
	粒子群优化算法	7 718.30	32 522.58	15 521.55	10 831.87	11 820.99
	自适应球形搜索算法	13 561.92	18 316.33	14 448.93	12 409.10	18 292.41
	基于莱维飞行的自适应差分进化算法	15 853.85	13 674.35	8 169.18	15 060.79	13 359.88
	改进的协方差矩阵适应演化策略	12 024.22	12 026.39	9 653.37	8 157.98	13 960.13
	哈里斯鹰优化算法	7 377.13	8 763.05	9 279.55	16 223.96	20 145.43
	SBO 算法	12 987.13	13 653.26	7 521.38	10 872.80	8 037.16
	ASBO 算法	7 115.15	16 121.64	9 146.23	14 991.05	9 735.78
	CSBO 算法	6 965.71	8 955.27	7 548.40	8 179.57	6 759.57
	QSBO 算法	8 799.24	14 952.85	12 949.37	8 921.53	12 195.98
	CQASBO 算法	8 561.20	8 219.23	8 960.77	7 058.55	7 057.08

表 6-11(续 1)

实例(100 次迭代)		6	7	8	9	10
子目标函数 F_3:岸桥碳排放量/kg	遗传算法	18 103.54	18 531.15	17 874.13	16 653.52	15 377.35
	粒子群优化算法	24 908.90	18 193.20	22 913.65	19 636.97	18 941.27
	自适应球形搜索算法	15 623.13	12 530.08	14 347.11	17 081.48	14 164.88
	基于莱维飞行的自适应差分进化算法	14 963.39	16 359.34	13 528.57	15 619.92	14 902.22
	改进的协方差矩阵适应演化策略	13 363.29	15 945.34	15 939.02	13 864.19	14 794.96
	哈里斯鹰优化算法	15 466.27	13 042.78	19 780.72	15 009.49	13 129.89
	SBO 算法	16 893.23	15 041.99	10 923.35	17 437.56	9 023.51
	ASBO 算法	12 823.89	15 315.55	8 688.92	14 241.50	9 248.99
	CSBO 算法	9 612.48	8 932.88	7 529.53	8 159.12	9 712.71
	QSBO 算法	8 359.28	14 205.20	12 301.90	10 823.73	11 586.18
	CQASBO 算法	11 618.69	12 736.20	12 688.47	12 796.53	14 477.66
子目标函数 F_4:集卡碳排放量/kg	遗传算法	15 999.15	15 433.97	15 337.34	14 821.82	15 643.57
	粒子群优化算法	15 746.56	15 581.08	14 979.28	14 545.98	16 521.34
	自适应球形搜索算法	15 709.63	15 699.99	15 600.03	14 993.19	15 023.92
	基于莱维飞行的自适应差分进化算法	15 590.87	14 711.14	15 079.84	14 790.57	14 560.35
	改进的协方差矩阵适应演化策略	15 167.45	14 860.46	15 815.70	15 817.13	16 337.53
	哈里斯鹰优化算法	15 407.33	15 319.59	16 180.03	15 094.59	15 775.32
	SBO 算法	16 323.32	16 234.29	15 630.51	15 662.89	16 653.74
	ASBO 算法	15 717.59	15 663.89	15 246.33	15 074.03	15 281.69
	CSBO 算法	15 267.62	16 229.05	15 560.47	16 195.10	16 739.13
	QSBO 算法	14 700.32	14 517.61	15 165.23	14 664.67	14 922.02
	CQASBO 算法	14 683.90	13 654.75	14 493.50	15 222.43	15 264.27

表 6-11(续 2)

实例(100 次迭代)		6	7	8	9	10
目标函数 F	遗传算法	22 037.55	14 470.88	14 330.09	17 076.96	19 296.22
	粒子群优化算法	16 473.90	21 388.93	17 682.01	15 044.15	16 894.69
	自适应球形搜索算法	13 799.55	14 451.86	13 815.72	13 804.46	14 306.23
	基于莱维飞行的自适应差分进化算法	14 464.79	14 296.66	11 881.09	14 833.85	13 774.16
	改进的协方差矩阵适应演化策略	13 949.67	13 582.40	13 996.13	12 746.64	14 330.40
	哈里斯鹰优化算法	12 625.28	12 364.53	14 857.05	13 882.40	14 863.10
	SBO 算法	15 506.77	14 587.39	11 514.40	13 460.90	11 859.38
	ASBO 算法	11 886.23	14 676.33	11 239.93	13 797.41	11 146.24
	CSBO 算法	11 442.31	11 746.89	11 684.91	11 597.57	11 060.57
	QSBO 算法	11 420.65	13 377.00	12 279.79	11 202.05	12 598.11
	CQASBO 算法	11 321.35	10 954.70	11 993.22	11 157.55	11 697.87

整理表 6-10 和表 6-11 的数据,求解各子目标函数的平均值,见表 6-12。

表 6-12 11 种算法应用求解 TAH-BUQCT 模型的求解结果平均值

实例(100 次迭代)	子目标函数 F_1:船舶在港时间/h	子目标函数 F_2:拖轮燃油成本/元	子目标函数 F_3:岸桥碳排放量/kg	子目标函数 F_4:集卡碳排放量/kg	目标函数 F
遗传算法	14.30	20 889.40	17 670.65	15 386.59	17 060.49
粒子群优化算法	18.08	16 391.89	20 136.84	15 414.53	19 061.68
自适应球形搜索算法	10.74	15 415.09	13 962.09	15 428.22	13 886.20
基于莱维飞行的自适应差分进化算法	12.46	13 212.17	14 283.72	15 144.39	13 775.24
改进的协方差矩阵适应演化策略	13.44	13 553.86	14 481.35	15 501.58	14 243.37

表 6-12(续)

实例(100 次迭代)	子目标函数 F_1:船舶在港时间/h	子目标函数 F_2:拖轮燃油成本/元	子目标函数 F_3:岸桥碳排放量/kg	子目标函数 F_4:集卡碳排放量/kg	目标函数 F
哈里斯鹰优化算法	11.94	13 423.41	14 263.05	15494.76	13 779.73
SBO 算法	13.28	10 650.49	13 936.59	15 990.67	13 463.68
ASBO 算法	10.85	12 198.20	12 917.45	15 021.00	12 746.94
CSBO 算法	12.95	9 858.13	10 755.40	16 268.12	12 457.28
QSBO 算法	10.47	13 586.52	13 142.02	14 947.35	13 036.84
CQASBO 算法	10.33	8 735.38	13 177.79	14 638.77	11 720.62

从表 6-12 可以看出,CQASBO 算法在总目标函数的求解中能够获得最佳的表现。与遗传算法、粒子群优化算法和哈里斯鹰优化算法相比,SBO 算法在求解 TAH-BUQCT 模型时总目标函数分别降低了 21.08%、29.36%和 2.29%,这说明 SBO 算法相较于本书选取的几种智能优化算法在求解 TAH-BUQCT 模型时具有良好表现;与 SBO 算法相比,ASBO 算法、CSBO 算法和 QSBO 算法在求解 TAH-BUQCT 模型时总目标函数分别降低了 5.32%、7.47%和 3.17%,这说明基于自适应影响因子、混沌映射与量子计算的改进,能够提高算法的全局扰动能力与局部搜索能力,进而提升算法性能;与 ASBO 算法、CSBO 算法和 QSBO 算法对比,CQASBO 算法在求解 TAH-BUQCT 模型时总目标函数分别降低了 8.05%、5.91%和 10.10%,这说明对 3 种改进方式的组合,能够进一步提升算法的求解精度;与自适应球形搜索算法、基于莱维飞行的自适应差分进化算法和改进的协方差矩阵适应演化策略相比,CQASBO 算法在求解 TAH-BUQCT 模型时总目标函数分别降低了 15.60%、14.92%和 17.71%,这说明 CQASBO 算法相较于本书选取的启发式算法在求解 TAH-BUQCT 模型时同样具有较为明显的优势。

6.3.2 算法求解过程的稳定性分析

算法的稳定性作为算法性能的重要指标之一,反映了算法在多次求解最优化问题时解的质量。本节通过整理表 6-10 和表 6-11 的计算数据,寻找多次计算中总目标函数 F 的最大值、最小值,并计算总目标函数 F 的平均值和标准差,以反映算法稳定性。稳定性分析表见表 6-13,算法稳定性对比图如图 6-9 所示。

表 6-13 稳定性分析表

实例(100 次迭代)	最大值	平均值	最小值	标准差
遗传算法	22 037.55	17 060.49	14 330.09	2 785.88
粒子群优化算法	21 388.93	19 061.68	15 044.15	1 920.17
自适应球形搜索算法	14 721.38	13 886.20	11 839.99	782.75
基于莱维飞行的自适应差分进化算法	14 950.82	13 775.24	11 881.09	981.38
改进的协方差矩阵适应演化策略	15 869.13	14 243.37	12 746.64	891.17
哈里斯鹰优化算法	16 472.89	13 779.73	12 042.59	1 391.34
SBO 算法	15 657.32	13 463.68	11 514.40	1 483.58
ASBO 算法	15 307.14	12 746.94	11 146.24	1 556.14
CSBO 算法	21 178.44	12 457.28	10 971.70	2 924.53
QSBO 算法	16 368.29	13 036.84	11 061.20	1 826.27
CQASBO 算法	13 454.88	11 720.62	10 849.20	741.65

从表 6-13 和图 6-9 可以看出,CQASBO 算法在最大值、最小值、平均值和标准差这 4 个指标方面均能达到本书所选取算法的最小值。相较于遗传算法和粒子群优化算法,SBO 算法的标准差远小于前两者;与哈里斯鹰优化算法对比,SBO 算法的标准差虽然略大,但仍在可以接受的范围内。在 ASBO 算法、CSBO 算法与 QSBO 算法的改进过程中,虽然稳定性均略高于 SBO 算法,但其求解精度优于 SBO 算法。将 3 种改进方式叠加构建的 CQASBO 算法,在稳定性方面表现较为良好,求解结果较为稳定。与本书所选取的启发式算法进行对比,本书提出的 CQASBO 算法在求解 TAH-BUQCT 模型时,标准差更小(低于自适应球形搜索算法 5.25%,低于基于莱维飞行的自适应差分进化算法 24.42%,低

于改进的协方差矩阵适应演化策略 16.78%),同时求解精度更好,这说明在求解 TAH-BUQCT 模型时,CQASBO 算法具有一定的优势。

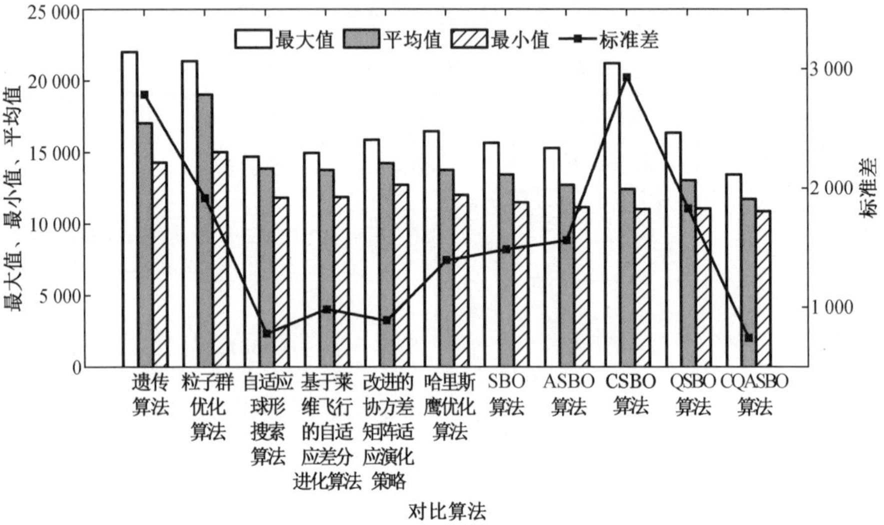

图 6-9 算法稳定性对比图

6.3.3 算法求解过程的收敛性分析

为了测试算法的收敛特性,本节基于表 6-10 和表 6-11 的计算数据,绘制了 10 次计算平均收敛曲线,如图 6-10 所示。

从图 6-10 可以看出,遗传算法和粒子群优化算法与其他算法相比,在求解 TAH-BUQCT 模型过程中,收敛速度较慢,同时寻优能力较弱;自适应球形搜索算法、基于莱维飞行的自适应差分进化算法和改进的协方差矩阵适应演化策略在求解 TAH-BUQCT 模型过程中,平均在 50 代左右才逐步停止收敛,与其他算法对比,收敛速度较慢;与哈里斯鹰优化算法对比,SBO 算法在求解 TAH-BUQCT 模型过程中,前期收敛速度稍慢,但在 20 代左右,能够持续收敛并获得一个更为优质的解。

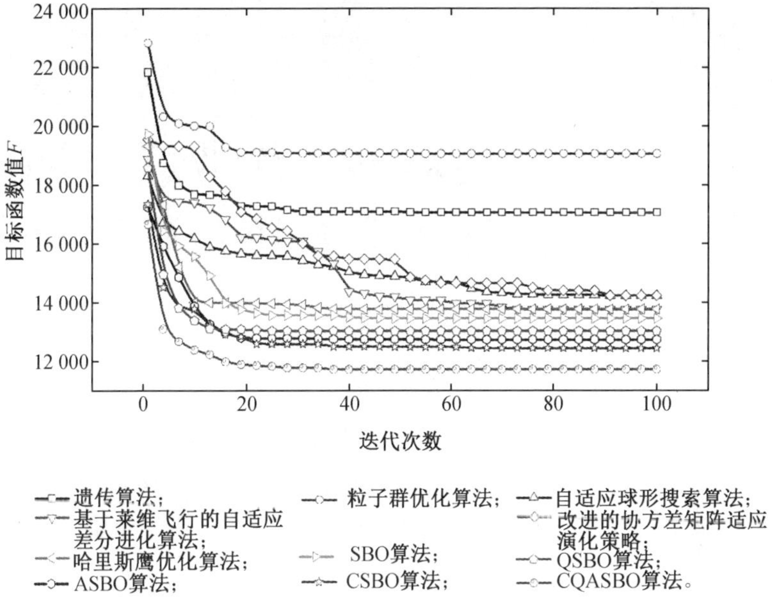

图 6-10 算法平均收敛曲线

与 SBO 算法相比，CSBO 算法因具有分布更为广泛的种群，因此在前期能够获得比较好的寻优能力，进而能得到一个更为优质的解；与 SBO 算法相比，QSBO 算法因引入量子计算，其具有更好的收敛速度，在 0～20 代能够更快速地收敛；与 SBO 算法相比，ASBO 算法因引入了自适应影响因子，前期（0～20 代）能够更快速地收敛，后期（20～80 代）则具有更好的局部探索能力及逐步下降的能力。CQASBO 算法因结合了混沌映射、量子计算与自适应影响因子的优势，具有更好的收敛性。从图 6-10 可以看出，CQASBO 算法在收敛性上具有明显的优势。

因此，本书基于混沌映射、量子计算与自适应调整因子提出 CQASBO 算法对 TAH-BUQCT 模型求解的尝试是可行的。

第 7 章　集装箱码头作业联合调度优化决策系统及保障机制

我们为了强化本书提出的新方法在集装箱码头管理过程中的实际应用,从建立的 TAH-BUQCT_CQASBO 方法在具体管理过程中的辅助决策角度出发,分析系统需求,设计系统框架,开发系统功能模块,研发集装箱码头作业联合调度优化决策系统,制定集装箱码头作业联合调度优化决策系统应用保障机制。

7.1　系统需求分析

近年来,港口间的竞争日益加剧,已逐渐转变为以港口为核心的多式联运系统或港口供应链之间的竞争态势。因此,构建智慧港口以提升其效率与可靠性,实现与上下游环节的协同运作,进而提升整体运输效率,已成为港口发展的核心问题。如何利用物联网、大数据、云计算等先进技术,以及现代优化手段,来构建智慧港口平台与决策系统,提高港口的运行效率和服务质量,已成为港航领域备受关注的热点问题。

智慧港口采用物理信息系统作为结构基础,融合物联网、大数据、云计算、移动互联网及人工智能等前沿技术,实现对各类信息的全面感知与互联互通。通过实时立体监管、智能决策支持和自动化装卸等手段,智慧港口能够无缝连接并协同各要素,包括车辆、船舶、货物、港口设施及人员,从而优化工作流程并提升整体运营效率。智慧港口最早是以智慧城市的分支概念进入公众视野的,其最初的研究重点聚焦于港口的物联网技术应用。随着物联网的应用,丰富的"感知"数据从码头源源不断地汇集起来,如何从海量数据中提取有价值的信息应用于港口,成为一个新问题。而依据海量数据进行的决策支持和经营策略优化,还需要通过自动化装卸技术和远程操作技术来"作用"于码头业务,最终达到改进港口作业方式、优化生产资源配置、减少人为因素干扰、实现货物精准装卸、保障作业安全、提升服务效率、减少污染物排放等经营业务目标。以港口运输组织服务的创新为驱动力，通过优化港口资源的配置作为实施路径，致力于构建集约、高效、便捷、安全且环保的港口运营模式。这不仅是实现港口科学可持续发展的目标，也构建了适应未来发展需求的技术与管理体系。

随着码头集装箱运输的不断发展，码头智慧化进程的不断推进，码头集装箱管理系统软件的市场前景广阔。对于码头企业来说，引入一套集装箱码头智慧系统将能够提高运营效率、降低成本、增强安全性，以更好地适应和应对市场需求。其主要功能包括集装箱信息管理、作业计划与调度、资源管理、安全管理、数据分析等方面。本章主要聚焦在作业计划与调度方面，为集装箱码头管理决策提供支持。TAH-BUQCT_CQASBO 方法主要是满足集装箱码头联合调度优化的需求，针对集装箱码头人工制订生产调度计划较为困难的问题，结合集装箱码头实际情况，以降低码头管理人员工作量为前提，采用信息化手段，为码头管理人员提供管理决策支持，基于 TAH-BUQCT_CQASBO 方法，给予合理的泊位调度、拖轮调度、岸桥调度与集卡调度，以提高集装箱码头作业效率，减少集装箱码头作业成本与碳排放量，提升船东的满意度与码头的综合竞争力。

7.2　系统框架及功能设计

7.2.1　系统总体框架构建

集装箱码头作业联合调度优化决策系统开发的目的是能够提供码头管理人员一个可视化调度系统，生成泊位-拖轮-岸桥-集卡联合调度方案，为集装箱码头管理提供智慧辅助支持。

在系统开发中，为了实现系统的可维护性和扩展性，人们通常会采用分层的架构设计。依据系统开发实际需求，设计系统总体框架，共包含数据层、算法层、功能层与应用层 4 个部分。系统总体功能框架如图 7-1 所示。

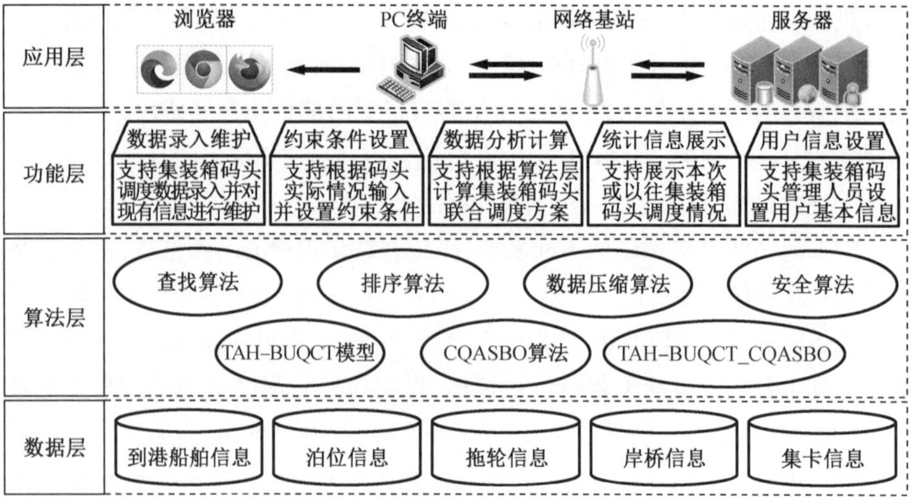

图 7-1　系统总体功能框架

1. 数据层

数据层是系统的数据基础，利用 MySQL 数据库对数据进行添加、删除、修改和查询等操作，同时也包含数据的校验、清洗和整合等操作。本系统将数据库操作封装在数据层中，然后将处理后的数据传递给业务逻辑层。为了保证系统数据的可靠性和稳定性，数据层还需要具备数据备份和恢复的功能。数据层主要包括：船舶到港信息数据、泊位信息数据、拖轮信息数据、岸桥信息数据、集卡信息数据等。

2. 算法层

算法层是系统架构中的一层，位于数据层和功能层之间。这一层主要关注的是如何通过算法和逻辑处理数据，以满足上层应用的需求。在这一层中，通常会定义一系列的算法和逻辑来处理与转换数据，以满足应用的需要。例如，数据排序、过滤、计算等操作都可能在这一层完成。本系统一方面设计查找算法、排序算法、数据压缩算法、安全算法等，满足系统功能需求；另一方面，基于 TAH-BUQCT 模型、CQASBO 算法与 TAH-BUQCT_CQASBO 方法，满足集装箱码头实际调度要求。

3. 功能层

功能层主要利用可视化的手段，提供用户业务逻辑与数据处理等功能。在系统功能层中，可以定义应用系统的各个功能模块及其功能和关系。这些功能模块通常是独立的、可复用的组件，包括数据处理、逻辑处理、接口处理等。此外，系统功能层还可以进行工艺信息、数据的传递与共享，为整个系统的良好运行打下基础。该层能对系统提供的各种功能进行科学管理,有助于提升整个系统运行的流畅度。其主要包括数据录入维护、约束条件设置、数据分析计算、统计信息展示、用户信息设置等5个功能模块。

4. 应用层

应用层是本系统中的最高层,直接为应用进程提供服务。这一层的主要功能是向应用程序提供接口,同时为通信的应用程序和消息传输底层网络接口。应用层在实现多个系统应用进程相互通信的同时,完成一系列业务处理所需的服务。本系统采用B/S架构,用户通过浏览器进行交互,最终实现系统功能。

7.2.2 系统界面设计

系统界面是否美观、合理直接影响系统的可操作性与可拓展性。考虑到为了让用户能够更方便且快捷的使用,在设计系统界面时,设计人员必须全面掌握设计原则,以便用户能够尽快熟悉系统。

7.2.3 数据的存储与调用

考虑到系统数据的存储与调用,系统采用MySQL数据库。MySQL是一个开源的关系数据库管理系统,使用一种名为SQL(结构化查询语言)的语言进行数据操作和管理。它被广泛用于各种应用程序和系统中,包括网站、企业级应用、移动应用等。MySQL具有高性能、易用性、可靠性和灵活性等特点,支持大量的并发用户连接和数据存储。

MySQL的架构包括客户端和服务器组件,允许用户通过各种编程语言(如PHP、Python、Java等)访问和操作数据库。MySQL还支持各种存储引擎,以满足不同的应用需求。MySQL的扩展性非常好,可以通过各种插件和工具进行功能扩展与性能优化。

7.3 系统功能模块开发

依据集装箱码头作业联合调度实际需求,研究人员设计数据录入维护、约束条件设置、数据分析计算、统计信息展示、用户信息设置等 5 个功能模块。其中,数据录入维护模块与约束条件设置模块的基础为 TAH-BUQCT 模型;数据分析计算模块是基于 TAH-BUQCT_CQASBO 方法获得联合调度优化方案;统计信息展示模块是将集装箱码头联合调度方案以图表的形式展现;用户信息设置模块是为了集装箱码头管理人员修改个人信息并注册新用户。

系统登录界面如图 7-2 所示。码头管理人员在界面端输入用户名和密码,通过与数据库的账号和密码进行比对,一致则进入主界面,否则拒绝访问。

图 7-2 系统登录界面

另外,为了保证系统的安全性,在数据库记录密码的过程中,采用 MD5 加密方式,即在密码录入的过程中转化为 MD5 加密结果,在密码读取的过程中采用 MD5 进行解密,能够保证即便数据库被盗用的情况下,仍不会泄露个人账户信息。

码头管理人员成功登录后,进入系统主页面,包含 5 个功能模块可供选择,分别为数据录入维护、约束条件设置、数据分析计算、统计信息展示、用户信息设置。

7.3.1 数据录入维护模块

数据是集装箱码头作业联合调度优化的基础,系统界面如图 7-3 所示。数据录入维护模块共分为到港船舶信息录入、泊位信息录入、拖轮信息录入、岸桥信息录入与集卡信息录入 5 个子模块。

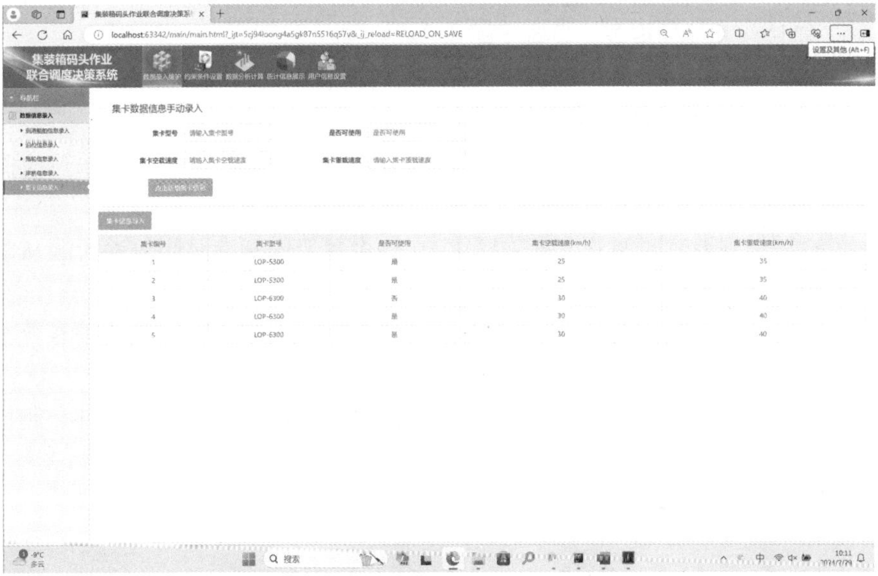

图 7-3 数据录入维护模块的系统界面

(1)到港船舶信息录入子模块支持输入到港船舶相关信息,包括船舶长度、宽度、吃水、载箱数、货种、预计到港时间等。

(2)泊位信息录入子模块支持录入泊位相关信息,包括泊位长度、泊位宽度、泊位深度等。

(3)拖轮信息录入子模块支持录入拖轮相关信息,包括拖轮型号、拖轮马力值、拖轮航行速度等。

(4)岸桥信息录入子模块支持录入岸桥相关信息,包括岸桥型号、岸桥作业效率等。

(5)集卡信息录入子模块支持录入集卡相关信息,包括集卡空载速度、集卡重载速度、集卡型号等。

系统为数据输入提供手动输入与批量导入两种类型接口，用户可根据使用需求选取适当的输入方法。

7.3.2 约束条件设置模块

约束条件设置模块支持在利用 TAH-BUQCT_CQASBO 方法求解集装箱码头作业联合调度方案之前，设置相关约束条件，包含船舶在港约束条件设置子模块、潮汐变化条件设置子模块、船舶到港时间偏差设置子模块、集卡运输效率设置子模块与其他约束条件设置子模块。

(1)船舶在港约束条件设置子模块，包括设置船舶最大等待时间、岸桥数量、拖轮数量、集卡数量等。

(2)潮汐变化条件设置子模块，支持设置潮汐时间窗长度、高/低水位时间窗水位深度等。

(3)船舶到港时间偏差设置子模块，支持设置船舶到港时间偏差所服从的埃尔朗分布参数。

(4)集卡运输效率设置子模块，支持设置集卡运输速度所服从的正态分布参数。

(5)其他约束条件设置子模块，具体包括港口其他的特殊约束条件。其他约束条件遵循 TAH-BUQCT 模型默认的约束条件。

约束条件设置模块系统界面如图 7-4 所示。

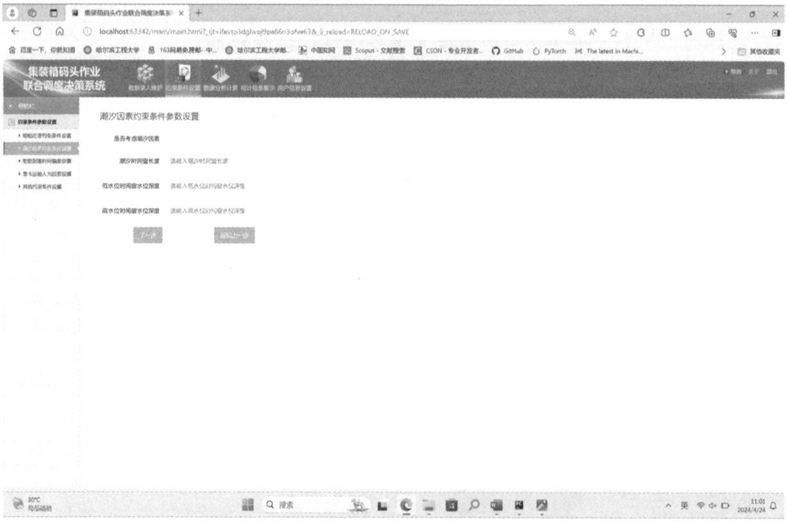

图 7-4 约束条件设置模块系统界面

7.3.3 数据分析计算模块

数据分析计算模块是基于 CQASBO 算法求解 TAH-BUQCT 模型,来获取集装箱码头联合调度优化方案,分为优化超参数设置和优化调度结果 2 个子模块。

(1)优化超参数设置子模块,支持设置种群规模、迭代次数、突变概率、权重系数等超参数,系统界面如图 7-5 所示。

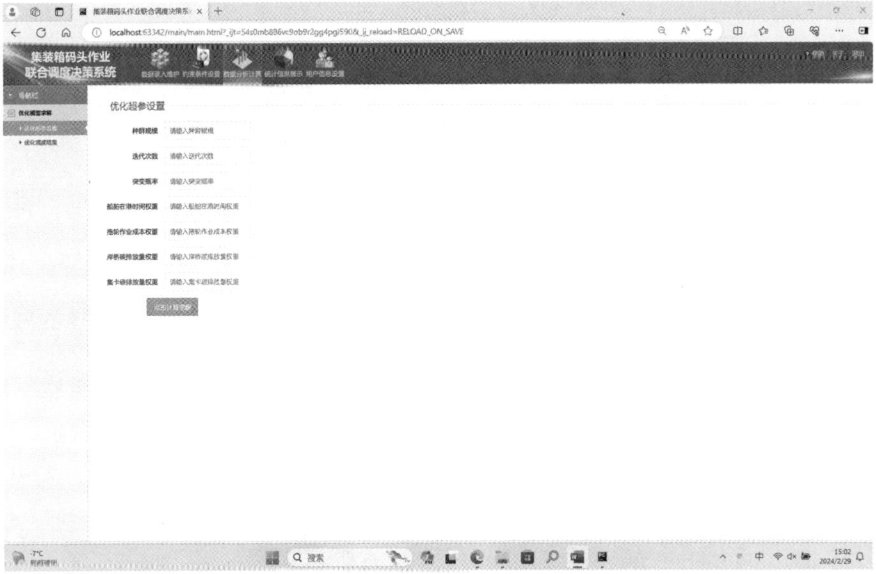

图 7-5 数据分析计算模块——优化超参数设置系统界面

(2)优化调度结果子模块,支持展示集装箱码头联合调度方案,包含列表和甘特图两种方式。列表所展示的是到港船舶所在批次经 TAH-BUQCT_CQASBO 方法优化后的靠泊顺序、靠泊泊位、服务拖轮编号、服务岸桥编号及服务集卡数量。甘特图所展示的是到港船舶所在批次港外锚地等待时间、拖轮作业时间、岸桥装卸作业时间及港内锚地等待时间等信息,系统界面如图 7-6 所示。

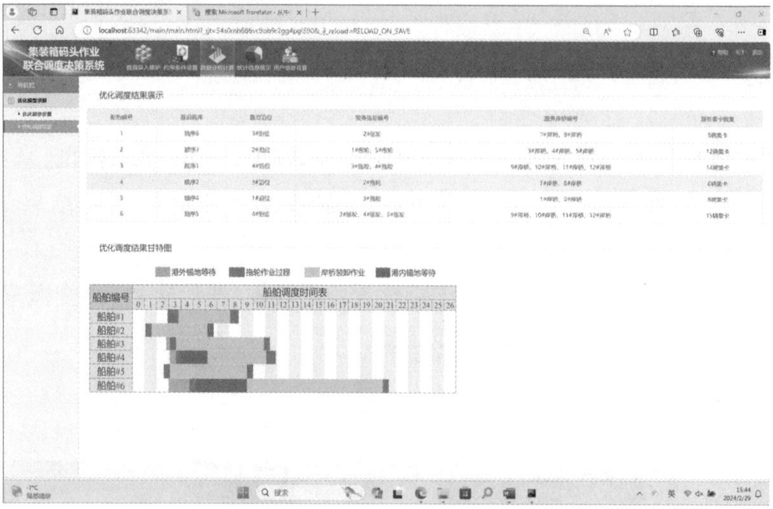

图 7-6　数据分析计算模块——优化调度结果系统界面

7.3.4　统计信息展示模块

统计信息展示模块主要以可视化的手段展示现有数据信息，分为码头资源信息统计与优化情况信息统计 2 个子模块。

(1)码头资源信息统计子模块，主要以统计图、统计表的形式展示集装箱码头现有泊位信息、拖轮信息、岸桥信息与集卡信息，系统界面如图 7-7 所示。

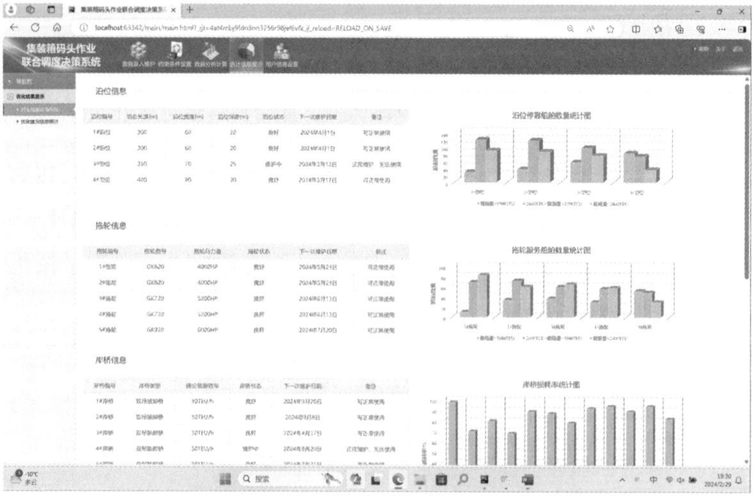

图 7-7　统计信息展示模块——码头资源信息统计系统界面

(2)优化情况信息统计子模块,主要以统计图、统计表的形式展示集装箱码头联合调度优化结果,系统界面如图 7-8 所示。

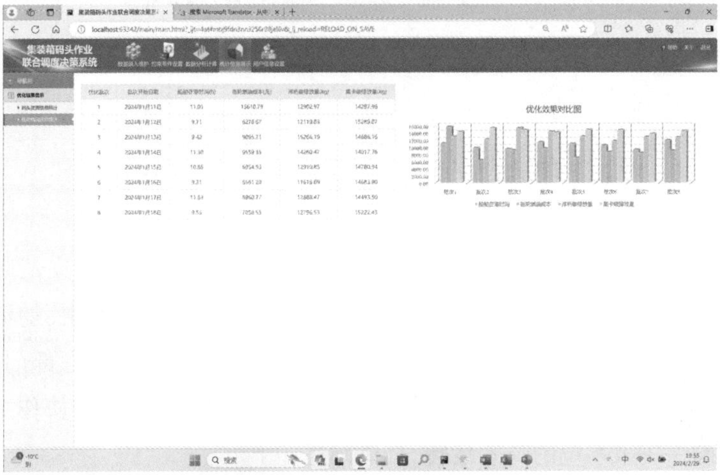

图 7-8 统计信息展示模块——优化情况信息统计系统界面

7.3.5 用户信息设置模块

用户信息设置模块支持集装箱码头管理者对用户信息、用户密码的修改,以及新用户的注册,包含 3 个子模块,系统界面如图 7-9 所示。

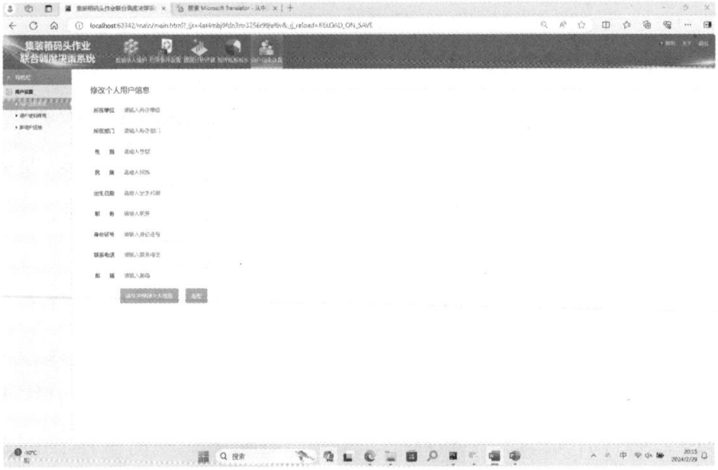

图 7-9 用户信息设置模块

7.4 系统应用保障机制

7.4.1 组织架构与职责

集装箱码头作业联合调度优化决策系统的实际应用需要建立清晰的组织架构,明确各部门的职责和权限,包括调度中心、作业现场协调组、物流信息管理部、设备调度与维护组、安全监控与应急部门、人员培训与管理部门、环境监测与保障部门、数据分析与优化部门等。各部门之间应有明确的协作关系和沟通渠道,确保决策系统的高效运转,具体阐述如下。

1. 调度中心

(1)计划制订

集装箱码头调度中心是集装箱码头作业联合调度优化决策系统高效运行的关键,能够承担多项重要职责。首要的是计划制订,调度中心需要综合考虑船舶到港时间、货物种类和数量、装卸设备能力等因素,制订详细的装卸货计划,以确保码头资源得到合理分配和高效利用。在资源分配方面,调度中心负责调度码头内的各种设备、人力和场地,确保每个作业环节都能得到及时的支持和保障。

(2)信息管理

信息管理是调度中心的核心工作之一,调度中心需要实时收集、整理和分析来自各个环节的信息,包括船舶动态、货物信息、设备状态等,以便做出准确的决策。同时,调度中心还需要与外部单位进行密切协调,如船公司、货运代理、海关等,以确保货物的顺利进出口和码头的正常运行。

(3)异常情况处理

在集装箱码头作业联合调度优化决策系统的运行过程中,难免会遇到集装箱码头作业出现各种异常情况,如设备故障、天气突变等,调度中心需要迅速响应,妥善处理,确保作业的安全和效率。此外,调度中心还需要承担问题解决的责任,针对作业中出现的问题,积极寻找解决方案,不断优化作业流程。

(4)安全监督

安全监督是调度中心的重要职责之一,调度中心需要时刻关注作业现场的安全状况,及时发现和纠正安全隐患,确保作业过程的安全可控。

(5)数据统计

数据统计也是调度中心的重要工作,通过集装箱码头作业联合调度优化决策系统对作业数据的统计和分析,可以不断优化作业流程,提高码头的运作效率和服务质量。

2. 作业现场协调组

集装箱码头作业现场协调组在码头运营中发挥着至关重要的作用,是集装箱码头作业联合调度优化决策系统将制订好的调度方案具体实施的关键。其负责以下方面。

(1)作业现场协调组负责现场作业的实时监控和协调

作业现场协调组与调度中心紧密合作,确保作业计划得到正确执行。同时,其还负责现场问题的快速响应和处理,保障作业流程的顺畅进行。在集装箱调度管理方面,作业现场协调组负责合理调配集装箱的装卸顺序和堆放位置,以优化作业流程。此外,其还需协调设备资源,确保各类装卸设备能够得到高效利用。作业进度监控也是其职责之一,通过实时监控作业进度,确保各项作业按计划推进。

(2)安全防控

安全是码头作业的重中之重,作业现场协调组需负责安全风险防控,及时发现并消除安全隐患。在应急情况处理方面,作业现场协调组须迅速响应,制定有效的应对措施,确保人员安全和作业稳定。信息沟通联络同样不可或缺,协调组需与各部门保持密切沟通,确保信息畅通无阻。最后,通过数据分析优化,作业现场协调组不断优化作业流程,以提高码头运营效率。

3. 物流信息管理部

集装箱码头物流信息管理部是物流运作的中枢,肩负着对集装箱码头作业联合调度优化决策系统信息管理的重要使命。其职责涵盖以下方面。

(1)负责全面收集码头作业相关的各类信息,确保集装箱码头作业联合调度优化决策系统中数据的完整性和准确性。

(2)对系统内数据进行处理和分析,以支持决策和业务优化。

(3)维护系统信息的稳定运行,保障数据处理的高效和顺畅。

(4)在信息安全方面,采取有效措施防范集装箱码头作业联合调度优化决策系统信息泄露和非法访问。

(5)为管理层提供决策支持,基于数据分析结果提出改进建议。

(6)负责与其他部门协调沟通,确保信息畅通。

(7)在技术研发方面,不断探索新的信息管理技术,提高集装箱码头作业联合调度优化决策系统信息处理效率。

(8)开展培训推广活动,提升员工的信息管理能力和意识。

4. 设备调度与维护组

集装箱码头设备调度与维护组是确保码头设备高效运行和作业顺畅进行的关键部门。在集装箱码头作业联合调度优化决策系统制订调度计划后,该部门负责设备的合理分配和调度,确保设备在最佳状态下运行,主要包括以下方面。

(1)负责设备的调度管理,确保设备能够按需、及时、合理地分配到各个作业环节。

(2)设备维护保养是确保设备长期稳定运行的基础,包括对设备进行定期检查、清洗、润滑等。当设备出现故障时,该组需要迅速进行故障排查与修复,恢复设备的正常运作。

(3)负责监督作业人员遵守安全操作规范,确保作业安全。

(4)对作业人员进行定期培训,提升他们的设备操作技能和安全意识。

(5)在跨部门沟通协调方面,该组需要与其他部门紧密合作,确保设备能够与其他环节顺畅衔接。

(6)负责填写相关的记录和报表,为管理决策提供数据支持。

5. 安全监控与应急部门

集装箱码头安全监控与应急部门是保障码头安全运行的核心机构,负责以下方面。

(1)该部门负责建立和执行安全规章制度,监控作业现场的安全状况,及时发现和处理集装箱码头作业联合调度优化决策系统所提供的调度计划的安全隐患,为集装箱码头作业联合调度优化决策系统提供安全监控层面的改进建议与技术支持。在紧急情况下,其负责应急响应和救援工作,保障人员和设备的安全。首先,负责制订安全监控计划,明确监控的重点区域和关键节点,确保监控的全面性和有效性。其次,负责监控设施的日常运行维护,保障监控设备的稳定性和可靠性。最后,积极开展安全隐患的排查处理,及时发现并解决可能的安全风险。

(2)在应急管理方面,该部门负责应急预案的制订与更新,确保预案的针对性和可操作性。在突发事件发生时,其负责应急资源的调配管理,确保救援资源的及时投入;组织实施应急演练,提高员工的应急处理能力和部门间的协同效率;在突发事件发生时,该部门需迅速响应,采取有效措施控制事态发展,并进行事故调查分析与报告,为改进安全管理和预防措施提供依据,同时为集装箱码头作业联合调度优化决策系统提供必要可靠的改进方案。

6. 人员培训与管理部门

集装箱码头人员培训与管理部门是提升员工使用集装箱码头作业联合调度优化决策系统熟练度、保障作业安全、推动团队协作的关键部门。该部门负责制订和执行员工培训计划,提高员工使用集装箱码头作业联合调度优化决策系统的业务技能,提高作业过程中的安全意识。同时,他们还负责员工的日常管理和绩效考核,确保员工队伍的高效和稳定。

(1)制订全面、系统的培训规划和策划,确保培训活动与码头业务需求和人员发展需求紧密结合。

(2)负责培训内容的开发,根据岗位特点和作业要求,设计具有针对性的培训课程。

(3)在培训实施过程中,该部门需进行严格的监控,确保培训质量和效果。

(4)对培训效果进行评估,以便及时调整培训策略和内容。

7. 环境监测与保障部门

集装箱码头环境监测与保障部门是确保码头作业环境安全、合规和可持续发展的重要力量。集装箱码头作业联合调度优化决策系统在调度过程中,考虑了现场的环境因素,该部门则负责监测作业现场的环境质量,确保作业活动符合环保要求;同时应负责环境问题的协调和处理,保障码头作业与环境保护的协调发展。

(1)对环境质量进行持续监测,确保作业区域的空气质量、水质等符合相关标准。

(2)密切关注气象条件,包括风向、风速、温湿度等,为集装箱码头作业联合调度优化决策系统提供准确的气象数据支持。

8. 数据分析与优化部门

集装箱码头数据分析与优化部门是提升码头运营效率、降低成本并增强风险管理能力的关键部门。该部门从集装箱码头作业联合调度优化决策系统获取数据,运用先进的数据分析技术,对码头作业流程进行深入挖掘,发现潜在问题和改进空间,为调度决策提供科学依据,推动码头作业的不断优化和升级。

(1)收集并处理码头作业产生的各种数据,为分析工作提供坚实基础。通过对数据的深入分析,评估码头运营效率,发现潜在问题。

(2)在此基础上,提供有针对性的流程优化建议,以改善作业流程,提高工作效率。

(3)利用数据分析进行风险管理与预警,及时识别潜在风险并采取措施。

(4)为确保码头运营的经济性,还负责成本效益评估,为管理层提供决策支持。

(5)技术创新与研发是数据分析与优化部门的核心任务之一,通过引入新技术和方法,不断提升数据分析和码头运营效率。

(6)在跨部门协作与沟通方面,该部门积极与其他部门合作,共同推进集装箱码头作业联合调度优化决策系统的持续改进。

(7)注重持续学习与改进,不断提升自身能力和水平,为集装箱码头作业联合调度优化决策系统更新迭代贡献力量。

综上所述,这一组织架构的合理构建和高效运作,是集装箱码头作业联合调度优化决策系统实现实际应用,提高集装箱码头协同、高效和安全作业水平的有效途径。

7.4.2 人员培训与考核体系

为确保集装箱码头作业联合调度优化决策系统的有效实施,码头管理人员必须对相关人员进行专业培训。培训内容应包括调度决策系统的操作流程、安全规范、应急处理等方面;同时,建立相应的考核机制,对人员的工作表现进行定期评估,确保工作人员具备适应岗位需求的专业素质。其主要包括以下内容。

1. 码头操作基础

调度人员首先需要掌握集装箱码头的基本操作流程,包括货物装卸、集装箱堆放、设备使用等,才能够对集装箱码头作业联合调度优化决策系统的调度方案有更充分的了解,以完成调度方案的实际执行。通过系统的培训课程和实践操作,调度人员能很快熟悉码头作业的基本规范和要求。集装箱码头操作的基础学习对于确保码头安全、高效运作至关重要,主要包括以下方面。

(1)掌握安全操作规范能够防止事故发生,保障人员和设备的安全。

(2)了解货物装卸流程能够确保作业顺畅,减少延误和错误。

(3)设备使用维护的学习则能延长设备使用寿命,提高作业效率。

(4)熟悉码头布局与调度有助于优化资源配置,提升整体运作效率。

(5)与船舶作业的紧密配合则是确保货物顺利装卸,提升物流效率的关键。

(6)货物分类与识别的知识能够确保货物准确归类,避免混装错运。

(7)危险品处理规定的掌握对于防范潜在风险,保障公共安全至关重要。

集装箱码头操作基础学习具有必要性,为码头的安全、高效、环保运作提供了坚实保障。

2. 调度流程详解

在应用集装箱码头作业联合调度优化决策系统之前,调度人员需要深入理解联合调度的流程,包括作业计划的制订、资源的分配、现场作业的协调等。通过详细讲解和案例分析,调度人员能够熟练掌握调度流程,明确各种作业情况的应对措施。集装箱码头调度流程详解的必要性在于它确保了整个码头的运作有序、高效且安全。其主要包括以下内容。

(1)船舶预报是调度流程的开始,它为码头提供了船只的到港时间、装卸货物种类及数量等关键信息,使得码头可以提前做好准备工作。

(2)泊位分配环节确保了船只能够迅速、准确地停靠到合适的泊位,避免了船只等待和泊位浪费。

(3)集装箱装卸是调度流程中的核心环节,它要求调度人员能够根据货物的性质、数量及船只的装载要求,合理安排装卸作业,确保作业的高效和安全。

(4)船舶配载与离泊环节则是对整个调度流程的总结,它要求调度人员能够根据船只的装载情况和航程要求,合理安排船只的配载和离泊时间,确保船只能够按时、安全地离开码头。

因此,集装箱码头调度流程详解的必要性在于它能够帮助码头管理人员更好地理解和掌握整个调度流程,进而能够更好地使用集装箱码头作业联合调度优化决策系统,提高码头的运作效率和安全水平。

3. 团队协作培训

集装箱码头作业联合调度优化决策系统的应用是一个多部门协同的过程,调度人员需要与各部门紧密合作,共同完成任务。通过团队协作培训,调度人员的团队意识和协作能力能够得到提升,进而提高整体作业效率。在集装箱码头这一复杂且高效运作的环境中,团队协作培训显得尤为重要。

(1)团队协作培训能够有效提升工作效率,通过优化工作流程和协同作业,减少冗余和等待时间。

(2)安全生产是码头运作的核心要求,团队协作培训能够加强员工间的安全意识和协作能力,从而有效预防和减少安全事故的发生。

(3)沟通协作是团队协作的基石,通过培训能够提升员工间的沟通能力,减少误解和冲突,增强团队凝聚力。

(4)在快速变化的市场环境中,团队协作培训能够帮助员工更好地应对变化,灵活调整工作策略,提升码头的适应性。

(5)能够助力成本控制,通过优化人力和物力资源的配置,降低运营成本。

(6)遵守相关法规是码头运营的基础,团队协作培训能够确保员工了解和遵循相关法规,降低法律风险。

(7)能够推动码头的创新发展,激发员工的创造力和想象力,为码头的长期发展和竞争力提升奠定基础。

综上所述,集装箱码头团队协作培训的必要性在于它能够全面提升集装箱码头作业联合调度优化决策系统使用的效率、安全、沟通和创新能力,为码头的可持续发展提供有力支撑。

4. 沟通协调能力培养

调度人员作为协调者,需要具备良好的沟通能力和协调能力。通过沟通技巧和案例分析的培训,调度人员的沟通水平和协调能力能够得到提升,以确保集装箱码头作业联合调度优化决策系统制定的作业流程顺畅进行。

(1)优秀的沟通协调能力能够显著提升工作效率,加快货物转运速度,从而增强码头的整体竞争力。

(2)流畅的沟通是保障物流顺畅的关键,能够减少物流中断和延误,为企业和客户提供更可靠的服务。

(3)通过减少沟通误差,可以避免误解和冲突,以确保信息传递的准确性和有效性。

(4)加强部门间的沟通协作,能够增强团队协作精神,形成合力,共同应对各种挑战。

(5)促进信息共享也是沟通协调的重要一环,有助于打破信息孤岛,提升整个码头的信息透明度。

(6)强化风险管理同样依赖于部门间的有效沟通,这能够及时识别和应对潜在风险,保障码头的安全稳定运行。

因此,培养集装箱码头部门间的沟通协调能力对于提高工作效率、保障物流顺畅、减少沟通误差、增强团队协作、促进信息共享、提升服务质量和强化风险管理等方面都具有重要意义。

5. 定期考核与评估

为了确保培训效果，码头管理人员需要定期对调度人员进行考核与评估。通过理论考试、实操考核、工作表现评价等方式，全面了解调度人员对集装箱码头作业联合调度优化决策系统应用的业务能力和综合素质，为进一步的培训和发展提供依据。集装箱码头定期考核与评估的必要性在于，它可以全面评估集装箱码头工作人员对于集装箱码头作业联合调度优化决策系统使用的熟练度与掌握情况，这是提升码头整体运营水平、保障可持续发展和合规运营的重要手段。

以上的培训与考核体系，可以有效提升集装箱码头作业联合调度人员在使用集装箱码头作业联合调度优化决策系统时的业务能力和综合素质，为集装箱码头的安全、高效运作提供有力保障。

7.4.3　调度方案的决策与优化流程

调度方案的决策与优化是集装箱码头作业联合调度优化决策系统的核心。码头管理人员应制定详细的调度决策流程规范，明确决策依据、决策程序、决策执行等环节；同时，加强流程管理，确保决策的及时性、准确性和高效性。

1. 调度方案生成

集装箱码头调度方案生成的必要性在于，其能够显著提高码头运作效率，优化资源配置，从而保障运输安全并降低运营成本。有效的调度方案能够确保集装箱的快速转运和堆放，减少等待时间和船舶滞期，进而增强码头的竞争力。在应对复杂多变的环境时，灵活的调度方案能够迅速调整资源分配，适应各种运输需求的变化。此外，调度方案的合理生成还能够促进港口的可持续发展，通过减少能源消耗和环境污染，实现港口利益和环境保护的双赢。因此，集装箱码头调度方案的生成对于提高码头运作效率、降低成本、保障运输安全及促进港口可持续发展具有不可替代的重要作用。

为此，本书基于集装箱码头作业联合调度优化决策系统为集装箱码头管理人员生成调度方案。

(1) 集装箱码头管理人员可通过在数据录入维护模块录入到港船舶信息数据、拖轮信息数据、岸桥信息数据和集卡信息数据，通过输入所在集装箱码头实际数据信息，系统会自动存储进入数据库。

(2) 当集装箱码头需进行调度方案的生成时，则在约束条件设置模块设置船舶在港约束条件、潮汐变化约束条件、船舶到港时间偏差条件、集卡运输效率条件和其他约束条件，以符合当前条件下集装箱码头作业联合调度需求。

(3)在数据分析计算模块输入求解算法参数并点击计算求解,模型于后台服务器自动开始计算,结果于优化调度结果子模块展示。

应用系统生成调度方案流程如图 7-10 所示。

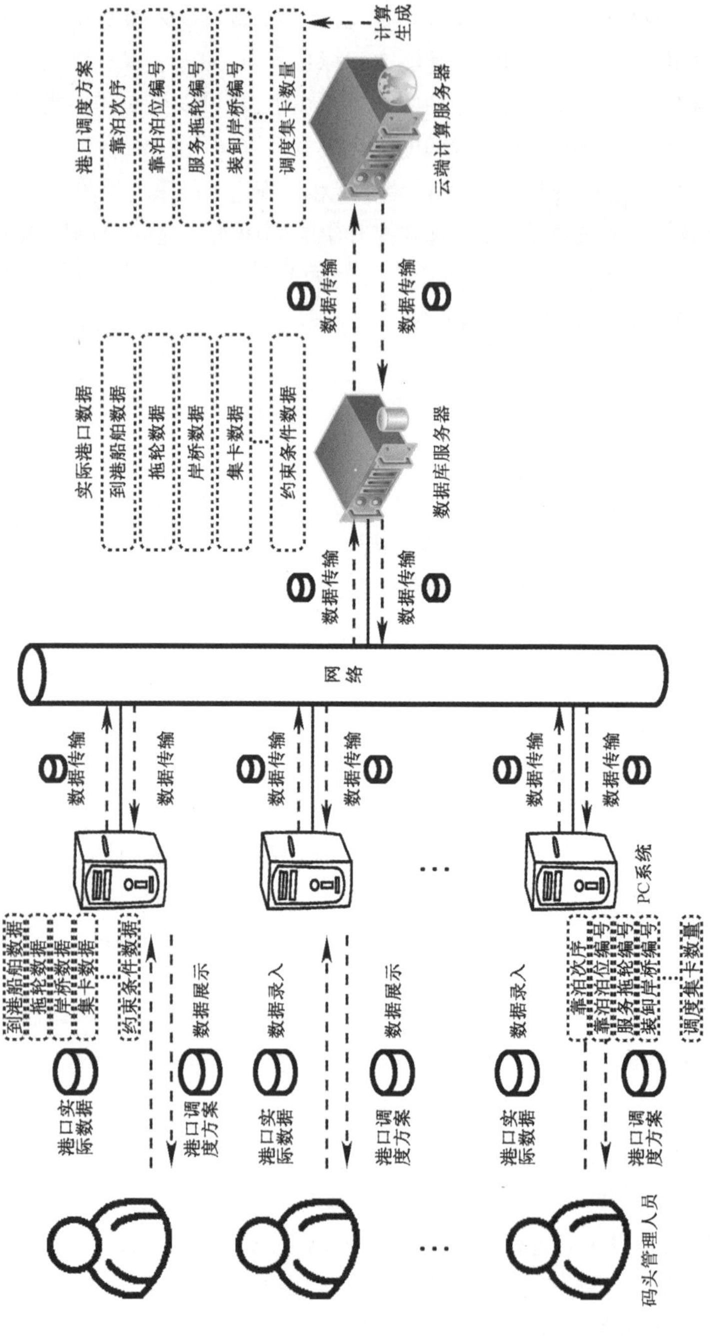

图 7-10 系统应用过程示意图

2. 调度数据展示

集装箱码头调度数据展示的必要性在于,它能够直观地反映码头运营的全貌,帮助码头管理人员快速了解各环节的运作状态,进而做出科学决策。

(1)通过数据展示,码头管理人员可以实时监控集装箱的装卸、运输和堆放情况,及时发现与解决潜在的瓶颈和问题。

(2)数据展示还能够为资源分配提供有力支持,确保各项资源得到最合理的利用。

(3)在保障运输安全方面,数据展示可以实时监测各种安全指标,及时预警和防范潜在的安全风险。

(4)数据展示也是降低运营成本、提高码头竞争力的关键手段,通过对数据的深入分析,可以发现成本节约的潜力并提出相应的优化措施。

为此,集装箱码头作业联合调度优化决策系统可支持对已有的数据信息进行可视化展示,主要包含集装箱码头现有泊位信息、拖轮信息、岸桥信息与集卡信息,码头管理人员可随时登录系统进入统计信息展示模块查看。

3. 码头工作人员协同

集装箱码头工作人员协同工作的必要性在于,其能够显著提高作业效率,保障物流顺畅,优化资源分配和作业流程。

(1)协同工作可以确保各部门间的信息共享和沟通强化,有效减少资源浪费和重复劳动。

(2)协同工作能促进绿色发展,减少环境污染和资源消耗,实现可持续运营。

(3)在保障生产安全方面,协同工作能够及时发现和解决潜在的安全风险,确保码头作业的安全稳定。

集装箱码头工作人员的协同工作是提高码头整体运营效率、保障物流顺畅、优化资源配置、保障生产安全、促进绿色发展的重要手段,对于提升集装箱码头的综合竞争力和实现可持续发展具有重要意义。集装箱码头作业联合调度优化决策系统支持在用户信息设置子模块修改用户信息,可为码头多人协同智慧化办公提供平台支持。

7.4.4 信息共享与沟通机制

在集装箱码头作业中,联合调度是实现高效、安全作业的关键环节。为了确保集装箱码头作业联合调度优化决策系统能够准确获得集装箱码头最新数据信息,进而获得能够符合当前码头实际情况的调度方案,信息共享与沟通显得尤为重要。为实现集装箱码头作业联合调度优化决策系统的高效运作,集装箱码头必须建立有效的信息共享与沟通机制。本节主要从集装箱码头作业联合调度信息共享与沟通机制的重要性、机制的制定及优化措施进行探讨。

1. 信息共享与沟通机制的重要性

有效的信息共享与沟通机制可提高作业效率、保障作业安全、促进团队协作,提升集装箱码头整体作业水平。

(1)通过信息共享,各部门可以及时了解作业进度、资源分配情况,减少信息传递的延误和错误。

(2)信息共享和沟通有助于增强各部门之间的协作和配合,形成合力,应用集装箱码头作业联合调度优化决策系统,共同应对集装箱码头联合作业中的挑战和问题。

2. 信息共享与沟通机制的制定

(1)可通过集装箱码头联合调度决策系统,建立统一的信息平台,实现各部门之间的信息共享和沟通,确保信息的准确性和及时性。

(2)制定信息共享规范,明确信息共享的内容、格式、频率等要求,确保各部门按照规范进行信息共享。

(3)加强沟通机制建设,建立健全的沟通机制,包括定期会议、临时沟通渠道等,促进各部门之间的沟通和协作。

3. 优化措施

(1)应引入先进技术,利用物联网、大数据、人工智能等先进技术,实现对集装箱码头作业数据的实时监控和分析,提高信息共享与沟通的效率和准确性。

(2)应加强培训和教育,定期对码头工作人员进行信息共享与沟通的培训和教育,提高信息共享意识和沟通技巧。

(3)应建立反馈机制,对信息共享与沟通的效果进行定期评估,及时发现问题和不足,并采取相应措施进行改进和优化。

总之,集装箱码头作业联合调度信息共享与沟通是实现集装箱码头作业联合调度优化决策系统高效、安全作业的重要保障。通过加强信息共享与沟通机制建设,引入先进技术,加强培训和教育等措施,集装箱码头可以不断优化信息共享与沟通的效果,提高集装箱码头作业的整体效率和安全性。

7.4.5 监督与改进体系

为了提高集装箱码头作业联合调度优化决策系统的效果，集装箱码头需建立有效的监督与改进机制。码头管理人员通过定期对系统运行情况的评估和分析，发现问题和不足，提出改进措施和建议。

1. 目标设定与明确

持续改进机制的第一步是明确并设定清晰、可衡量的目标。这些目标应该与集装箱码头的长期战略和愿景相一致，并具体到各个部门、团队和个人的工作层面。明确的目标为集装箱码头作业联合调度提供了一个清晰的方向和指南，确保针对集装箱码头作业联合调度优化决策系统的所有改进活动都围绕保障集装箱码头作业联合调度中港口利益、船东利益和环境保护进行。

2. 数据收集与分析

集装箱码头数据收集与分析能够对码头运营全面优化和提升。

(1)集装箱码头作业联合调度优化决策系统收集的数据能够精确衡量和提升码头运营效率，通过实时监测和数据分析，发现流程瓶颈，进而提出改进措施。

(2)数据可以揭示潜在的安全风险，从而采取有针对性的措施，改进集装箱码头作业联合调度优化决策系统，保障物流安全。

(3)数据分析能够指导资源的合理配置，避免资源浪费，提高资源使用效率。

(4)通过对历史数据的分析，码头管理人员可以预测市场趋势，为码头运营提供决策支持。

(5)在绿色可持续发展方面，数据可以评估环保措施的效果，提出改进措施，促进绿色运营。

(6)数据收集与分析还能够指导码头设计改进，使码头更加符合实际运营需求。

(7)精准的数据分析，可以提升客户服务质量，满足客户个性化需求，增强码头竞争力。

综上所述，集装箱码头数据收集与分析的必要性体现在提高运营效率、保障物流安全、优化资源配置、预测市场趋势、促进绿色可持续发展、指导码头设计改进和提升客户服务质量等多个方面。为了有效地进行改进，码头管理人员需要收集与分析大量的集装箱码头作业调度数据，并通过对这些数据的深入分析，可以发现集装箱码头作业联合调度优化决策系统中存在的问题、瓶颈和潜在改进点。

3. 问题识别与分析

集装箱码头问题识别与分析能够有针对性地提升集装箱码头作业联合调度优化决策系统的性能。

(1)通过及时发现并处理存在的问题，可以有效地减少不必要的时间和经济成本，进而提升码头的运营效率。

(2)能够优化集装箱码头作业联合调度优化决策系统的管理流程，通过深入分析问题的根源，制定出更加科学、合理的管理策略，使码头运营更加顺畅。

(3)能够及时预防和解决安全隐患，确保码头的作业安全。

(4)有助于集装箱码头作业联合调度优化决策系统在面对市场竞争时更加清晰地认识自身的优势和不足，从而采取有针对性的措施，增强码头的竞争力。

基于数据分析的结果，码头管理人员需要准确地识别出存在的问题和挑战。这些问题可能涉及集装箱码头作业联合调度优化决策系统的多个方面。对于每个问题，码头管理人员都需要进行深入的分析，找出其根本原因和影响因素。

4. 改进措施制定

集装箱码头作业联合调度优化决策系统改进措施制定能够不断提升码头的综合性能和竞争力。

(1)提高作业效率是改进措施的首要目标，通过优化流程、更新高效设备，可以大幅减少作业时间和成本。

(2)增强安全性是保障码头稳定运营的基础，改进措施应包括完善安全管理制度、提升员工安全意识等方面。

(3)优化布局规划能够合理分配码头资源，减少资源浪费，提高整体运营效率。

(4)促进绿色发展是集装箱码头未来的必然趋势，通过集装箱码头作业联合调度优化决策系统制订的调度方案应关注节能减排、循环利用等方面，以实现可持续运营。

5. 实施与跟踪评估

集装箱码头实施与跟踪评估是提升集装箱码头作业联合调度优化决策系统性能的关键环节。制定好改进措施后，关键是确保其实施的有效性。码头管理人员需建立一套完善的实施机制，同时还需对实施过程进行持续的跟踪和评估，确保改进措施按照计划进行，并及时调整和优化。在当前全球物流领域日益强调绿色、可持续的背景下，实施与跟踪评估也是推动绿色物流发展、减少环境污染的重要途径。通过这些努力，集装箱码头能够提升自身的国际竞争力，更好地服务于全球贸易的发展。

6. 效果评估与反馈

改进措施实施后，码头管理人员需要对其效果进行评估。这可以通过收集新的集装箱码头作业联合调度优化决策系统数据、对比改进前后的变化、收集客户和员工反馈等方式进行。评估结果将提供关于改进措施是否有效、是否需要进一步优化的重要信息。集装箱码头作业联合调度优化决策系统效果评估与反馈的必要性体现在多个方面。

(1)安全性评估是确保码头运营稳定、防范潜在风险的基础，它能够及时识别并改进安全管理中的不足。

(2)效率分析有助于评估码头作业的实际效果，为优化流程、提升效率提供依据。

(3)客户满意度是衡量码头服务水平的重要指标，通过客户反馈可以不断优化服务体验。

(4)成本控制是码头管理的重要任务，通过效果评估可以合理调配资源，实现成本的最优化。

(5)环保评估则是对码头环保措施的有效性的检测，它推动码头向更加绿色、可持续的方向发展。

(6)技术更新是集装箱码头发展的关键，效果评估能够为技术升级提供决策支持。

(7)政策适应性评估确保码头运营与国家和地方政策保持一致，为码头长期发展提供保障。

(8)持续改进是集装箱码头发展的核心动力，通过评估与反馈，能够不断完善码头运营，提升整体竞争力。

7. 标准化与制度化

经过评估证明有效的改进措施应该被标准化和制度化，成为组织日常运营的一部分。这意味着将这些改进措施纳入组织的流程、规范和制度中，确保它们能够在未来的工作中持续发挥作用。集装箱码头作业联合调度优化决策系统改进标准化与制度化的必要性在于，其能够显著提升码头运营的整体效能。

(1)制定和执行统一的标准与制度,可以显著提高作业效率,减少操作中的不确定性。

(2)标准化和制度化能够保障操作安全,降低事故风险,确保人员和货物的安全。

(3)在物流领域,标准化与制度化有助于促进物流的顺畅进行,减少不必要的延误和损失。

(4)标准化和制度化能够节约运营成本,通过规范化管理,实现资源的合理配置和有效利用。

(5)在全球化背景下,统一的行业标准便于国际对接,促进国际贸易的发展。

(6)标准化和制度化也是技术创新的重要推动力,通过不断完善和创新,提升行业的整体竞争力。

因此,集装箱码头作业联合调度优化决策系统改进标准化与制度化是提升码头运营效率、保障操作安全、促进物流顺畅、节约运营成本、统一行业标准、便于国际对接、促进技术创新以及提升行业竞争力的关键所在。

8. 持续学习与提升

持续改进机制的最后一步是持续学习与提升。码头管理人员应该鼓励员工不断学习新知识、新技能和新方法,以适应外部环境的变化和内部需求的演变;同时,还应该定期组织内部培训、分享会等活动,促进员工之间的交流和合作,共同推动集装箱码头的持续改进和发展。

持续改进机制是一个循环往复、不断提升的过程。它需要码头管理人员在目标设定与明确、数据收集与分析、问题识别与分析、改进措施制定、实施与跟踪评估、效果评估与反馈、标准化与制度化、持续学习与提升等各个环节中不断努力和探索,以提高集装箱码头作业联合调度优化决策系统性能,实现可持续发展和提高竞争力的目标。

综上所述,集装箱码头作业联合调度优化决策系统制度保障涉及多个方面和环节。通过建立完善的组织架构、人员培训与考核体系、调度方案的决策与优化流程、信息共享与沟通机制、监督与改进体系等制度,码头管理人员可以确保调度决策系统的有效运行和持续优化,为集装箱码头的安全、高效作业提供有力保障。

参考文献

[1] 范忠浪,马国旺,刘旺盛,等.集装箱港口多设备集成调度研究综述[J].物流研究,2023(2):81-87.

[2] LI Y, CHU F, ZHENG F F, et al. A bi-objective optimization for integrated berth allocation and quay crane assignment with preventive maintenance activities[J]. IEEE Transactions on Intelligent Transportation Systems, 2022, 23(4): 2938-2955.

[3] YU J J, TANG G L, SONG X Q. Collaboration of vessel speed optimization with berth allocation and quay crane assignment considering vessel service differentiation [J]. Transportation Research, Part E. Logistics and Transportation Review, 2022, 160: 102651.1-102651.27.

[4] KARAKAS S, KIRMIZI M, KOCAOGLU B. Yard block assignment, internal truck operations, and berth allocation in container terminals: introducing carbon-footprint minimisation objectives[J]. Maritime Economics & Logistics, 2021, 23(4): 750-771.

[5] BOUZEKRI H, ALPAN G, GIARD V. Integrated laycan and berth allocation and time-invariant quay crane assignment problem in tidal ports with multiple quays [J]. European Journal of Operational Research, 2021, 293(3): 892-909.

[6] KIM K H, PARK Y M. A crane scheduling method for port container terminals [J]. European Journal of Operational Research, 2004, 156(3): 752-768.

[7] TAVAKKOLI-MOGHADDAM R, MAKUI A, SALAHI S, et al. An efficient algorithm for solving a new mathematical model for a quay crane scheduling problem in container ports[J]. Computers & Industrial Engineering, 2009, 56(1):241-248.

[8] RAA B, DULLAERT W, SCHAEREN R V. An enriched model for the integrated berth allocation and quay crane assignment problem[J]. Expert

Systems with Application, 2011, 38(11):14136-14147.

[9] AL-REFAIE A, ABEDALQADER H. Optimal quay crane assignment and scheduling in port's container terminals[J]. Jordan Journal of Mechanical & Industrial Engineering,2021, 15(2): 153-167.

[10] AL-REFAIE A, ABEDALQADER H. Optimal berth allocation under regular and emergent vessel arrivals [J]. Proceedings of the Institution of Mechanical Engineers, Part M: Journal of Engineering for the Maritime Environment, 2021, 235(2): 642-656.

[11] CHEIMANOFF N, FONTANE F, KITRI M N, et al. Exact and heuristic methods for the integrated berth allocation and specific time-invariant quay crane assignment problems[J]. Computers & Operations Research, 2022, 141: 105695. 1-105695. 14.

[12] TENGECHA N A, ZHANG X Y. An efficient algorithm for the berth and quay crane assignments considering operator performance in container terminal using particle swarm model[J]. Journal of Marine Science and Engineering, 2022, 10(1232): 1232. 1-1232. 21.

[13] NOURMOHAMMADZADEH A, VOß S. A robust multiobjective model for the integrated berth and quay crane scheduling problem at seaside container terminals[J]. Annals of Mathematics and Artificial Intelligence, 2022, 90(7-9): 831-853.

[14] LALITA T R, MURTHY G S R. Compact ILP formulations for a class of solutions to berth allocation and quay crane scheduling problems [J]. OPSEARCH, 2022, 59(1): 413-439.

[15] CERESER B L H, DE OLIVEIRA A R L, MORETTI A C. A mathematical model and solution method forthe berth allocation problem with variable handling time and continuous time horizon [J]. Pesquisa Operacional, 2022, 42(e261709):1-23.

[16] CHATTERJEE I, CHO G. Port container terminal quay crane allocation based on simulation and machine learning method [J]. Sensors and Materials, 2022, 34(2): 843-853.

[17] AL SAMROUT M, SBIHI A, YASSINE A. An improved genetic algorithm for the berth scheduling with ship-to-ship transshipment operations integrated model

[J]. Computers & Operations Research, 2024, 161(Suppl C): 1.1-1.17.

[18] TOLLO G D, PESENTI R, PETRIS M. Integrating ship movement scheduling and tug assignment within a canal harbor[J]. AIRO Springer Series, 2019, 3: 13-22.

[19] MINH Q N, SADIQ R, GUCMA L. Simulation-Based performance assessment framework for optimizing port investment[J]. Journal of Waterway, Port, Coastal and Ocean Engineering, 2021, 147(4): 04021010.

[20] ABOU KASM O, DIABAT A, BIERLAIRE M. Vessel scheduling with pilotage and tugging considerations[J]. Transportation Research, Part E. Logistics and Transportation Review, 2021, 148(4): 102231.1-102231.24.

[21] PETRIS M, PELLEGRINI P, PESENTI R. Models and algorithms for an integrated vessel scheduling and tug assignment problem within a canal harbor[J]. European Journal of Operational Research, 2022, 300(3): 1120-1135.

[22] KIM K H, KIM K Y. Routing straddle carriers for the loading operation of containers using a beam search algorithm[J]. Computers & Industrial Engineering, 1999, 36(1): 109-136.

[23] KOO P H, LEE W S, JANG D W. Fleet sizing and vehicle routing for container transportation in a static environment[J]. OR Spectrum: Quantitative Approaches in Management, 2004, 26(2): 193-209.

[24] NISHIMURA E, IMAI A, PAPADIMITRIOU S. Yard trailer routing at a maritime container terminal[J]. Transportation Research, Part E. Logistics and Transportation Review, 2005, 41E(1): 53-76.

[25] NGUYEN V D, KIM K H. A dispatching method for automated lifting vehicles in automated port container terminals[J]. Computers & Industrial Engineering, 2009, 56(3): 1002-1020.

[26] HE J L, ZHANG W M, WANG Y, et al. A novel strategy for yard trailer scheduling in container terminals[J]. Journal of Convergence Information Technology, 2012, 7(20): 274-282.

[27] CORDEAU J F, LEGATO P, MAZZA R M, et al. Simulation-based optimization for housekeeping in a container transshipment terminal[J]. Computers & Operations Research, 2015, 53(1): 81-95.

[28] CHARGUI K, ZOUADI T, EL FALLAHI A, et al. Berth and quay crane allocation and scheduling with worker performance variability and yard truck deployment in container terminals[J]. Transportation Research, Part E. Logistics and Transportation Review, 2021, 154(10): 102449. 1-102449. 24.

[29] ABDELMAGID A M, GHEITH M, ELTAWIL A. Scheduling external trucks appointments in container terminals to minimize cost and truck turnaround times[J]. Logistics, 2022, 6(3):1-22.

[30] AZAB A, MORITA H. Coordinating truck appointments with container relocations and retrievals in container terminals under partial appointments information[J]. Transportation Research, Part E. Logistics and Transportation Review, 2022, 160: 102673. 1-102673. 23.

[31] AZAB A, MORITA H. A Zero-blockage based scheduling for import containers pickup operations at container terminal yards[C]// International Conference on Operations Research and Enterprise Systems, 2022: 286-293.

[32] FAZI S, CHOUDHARY S K, DONG J X. The multi-trip container drayage problemwith synchronization for efficient empty containers re-usage[J]. European Journal of Operational Research, 2023, 310(1): 343-359.

[33] TALAAT A, IIJIMA J, GHEITH M, et al. An integrated k-means clustering and bi-objective optimization approach for external trucks scheduling in container terminals[J]. Advances in Transdisciplinary Engineering, 2023, 35: 805-814.

[34] STOOP K, PICKAVET M, COLLE D, et al. Large scale simulation of a real-time collaborative system for container trucks in the port of Antwerp[J]. International Journal of Shipping and Transport Logistics, 2023, 17(3): 303-334.

[35] AZAB A, MORITA H. The block relocation problem with appointment scheduling[J]. European Journal of Operational Research, 2022, 297(2): 680-694.

[36] ÖZDER E H, GÜMÜŞ M. Solution for the problem of sustainable staff

scheduling in semi-automated dock container terminals in ports [J]. Transportation Research Record: Journal of the Transportation Research Board, 2023, 2677 (6): 365-375.

[37] RODRIGUES F, AGRA A. An exact robust approach for the integrated berth allocation and quay crane scheduling problem under uncertain arrival times[J]. European Journal of Operational Research: Journal of the Transportation Research Board, 2021, 295(2): 499-516.

[38] RODRIGUES F, AGRA A. Berth allocation and quay crane assignment/scheduling problem under uncertainty: a survey[J]. European Journal of Operational Research, 2022, 303(2): 501-524.

[39] CHARGUI K, ZOUADI T, SREEDHARAN V R, et al. A novel robust exact decomposition algorithm for berth and quay crane allocation and scheduling problem considering uncertainty and energy efficiency [J]. Omega: International Journal of Management Science (United Kingdom), 2023, 118(Suppl C):102868.

[40] SKAF A, LAMROUS S, HAMMOUDAN Z, et al. Integrated quay crane and yard truck scheduling problem at port of Tripoli-Lebanon[J]. Computers & Industrial Engineering, 2021, 159: 107448.

[41] KENAN N, JEBALI A, DIABAT A. The integrated quay crane assignment and scheduling problems with carbon emissions considerations [J]. Computers & Industrial Engineering, 2022, 165:107734.

[42] CHARGUI K, ZOUADI T, SREEDHARAN V R. Berth and quay crane allocation and scheduling problem with renewable energy uncertainty: a robust exact decomposition [J]. Computers & Operations Research, 2023, 156(8):106251. 1-106251. 19.

[43] PRAYOGO D N, KOMARUDIN, HIDAYATNO A, et al. Bi-objective recoverable berth allocation and quay crane assignment planning under environmental uncertainty [J]. International Journal of Technology, 2022, 13(3): 677-689.

[44] MOOSAVI S H S, BARDSIRI V K. Satin bower bird optimizer: a new optimization algorithm to optimize ANFIS for software development effort estimation[J]. Engineering Applications of Artificial Intelligence, 2017, 60

(C): 1-15.

[45] SHARMA S, SINGH G. Diagnosis of cardiac arrhythmia using swarm-intelligence based metaheuristic techniques: a comparative analysis [J]. EAI Endorsed Transactions on Pervasive Health & Technology, 2020 (C), 6(23): 1-11.

[46] HOU J. Container terminal operation system in emission control area using modelling based on multi agents [J]. Frontiers in Artificial Intelligence and Applications, 2017, 296: 168-179.

[47] CHEN X C, HE S W, LI T T, et al. A simulation platform for combined rail/road transport in multiyards intermodal terminals [J]. Journal of Advanced Transportation, 2018(1):1-19.

[48] 陈俊豪,孙士寅.海港船舶:泊位调度算法的探讨[J].上海第二工业大学学报,1988(3):99-107.

[49] 蔡芸,张艳伟.集装箱码头泊位分配的仿真优化方法[J].中国工程机械学报,2006,4(2):228-232.

[50] 韩骏,孙晓娜,靳志宏.集装箱码头泊位与岸桥协调调度优化[J].大连海事大学学报,2008(2):117-121.

[51] 韩笑乐,陆志强,奚立峰.具有服务优先级别的动态离散泊位调度优化[J].上海交通大学学报,2009(6):902-905.

[52] 杨春霞,王诺.基于SPEA2算法的泊位调度多目标优化[J].工业工程与管理,2010,15(3):100-104.

[53] 韩晓龙.集装箱港口装卸作业系统研究综述[J].港口经济, 2010(2):49-52.

[54] 秦进,倪玲霖,王承娜,等.集装箱码头岸桥调度优化模型及算法[J]. 西南交通大学学报,2013,48(1):184-192.

[55] 秦天保,沙梅.基于约束规划建模求解岸桥调度问题[J]. 计算机集成制造系统,2013,19(1):181-186.

[56] 范志强,乐美龙.最小化最大完工时间与等待时间的岸桥作业调度双目标优化及其遗传算法[J].系统管理学报,2013,22(1):120-127.

[57] 李明伟,康海贵,耿静,等.基于多目标混沌云粒子群算法的泊位-岸桥分配研究[J].水运工程,2014(1):90-96.

[58] 徐亚,杜玉泉,龙磊.支持多码头协调运作的泊位调度模型和算法[J].系统工程,2015,33(1):128-138.

[59] 王智灵,刘桂云,刘明涛. 基于服务损失函数的集装箱码头泊位-岸桥联合调度优化[J]. 水道港口,2017,38(3):313-319.

[60] LI M W, HONG W C, GENG J, et al. Berth and quay crane coordinated scheduling using multi-objective chaos cloud particle swarm optimization algorithm [J]. Neural Computing & Applications, 2017, 28 (11): 3163-3182.

[61] 吴迪,王诺,林婉妮,等. 泊位-岸桥联合分配模型的模拟植物生长交替进化算法[J]. 交通运输工程学报,2018,18(3):199-209.

[62] 焦小刚,郑斐峰,徐寅峰,等. 潮汐影响下泊位和岸桥双目标联合调度仿真[J]. 计算机仿真,2020,37(2):403-410.

[63] TANG M, JI B, FANG X P, et al. Discretization-Strategy-Based solution for berth allocation and quay crane assignment problem[J]. Journal of Marine Science and Engineering, 2022, 10(4):495.

[64] 李伯棠,王智利,周海英,等. 港口拖轮调度模糊规划优化模型及算法[J]. 计算机集成制造系统, 2021,27(5):1518-1530.

[65] 钟铭,张梦迪. 考虑多基地拖轮使用平衡性的重调度优化[J]. 包装工程, 2023,44(19):158-164.

[66] 钟慧玲,张钰港,顾一妙. 考虑时间和油耗的拖轮多目标优化调度研究[J]. 运筹与管理, 2023, 32(7):56-62.

[67] 康志敏,吴洪明. 港口集装箱码头集卡优化调度研究[J]. 物流工程与管理, 2011,33(2):59-61.

[68] 丁荣涛. 基于协作能力约束的港口集卡调度优化策略[J]. 清华大学学报(自然科学版), 2012,52(8):1158-1164.

[69] 李广儒,杨大奔,任大伟. 集卡动态调度路径优化算法[J]. 交通运输工程学报, 2012,12(3):86-91.

[70] 曹庆奎,赵斐. 基于遗传蚁群算法的港口集卡路径优化[J]. 系统工程理论与实践, 2013,33(7):1820-1828.

[71] 王铮,陆游,张景玲,等. 面向港口集装箱运输的共享式集卡动态调度[J]. 计算机集成制造系统, 2013,19(10):2607-2614.

[72] 赵立明,汤齐. 港口内集卡与外集卡综合调度研究[J]. 东南大学学报(哲学社会科学版), 2014,16(A2):88-90.

[73] 卢毅勤,杨斌,黄有方. 速度不确定下作业时间最短的集卡调度优化[J].

计算机仿真, 2015,32(2):353-358.

[74] 卢毅勤,杨斌,黄有方.兼顾碳排放量和效率的集卡调度多目标优化[J].计算机仿真, 2015,32(6):386-389.

[75] 赵金楼,黄金虎,刘馨.集装箱码头的集卡两阶段路径优化研究[J].中国管理科学, 2017,25(4):152-157.

[76] 张瑞友,赵海舒,刘士新.可折叠集装箱接驳运输问题的建模与优化[J].系统工程理论与实践, 2018,38(4):1013-1023.

[77] 唐国磊,秦明,赵晓艺,等.集卡调度方式对集装箱港区碳排放的影响[J].水运工程, 2019(6):46-51,62.

[78] 张建同,刘晓哲,宋玉坚.甩箱模式下集装箱卡车路径规划问题研究[J].工业工程与管理, 2020,25(6):1-8.

[79] JIANG F C, ZHANG H, MA Q D. The optimize of tug configuration based on fuzzy comprehensive evaluation and entropy weight analysis[C]// IOP Conference Series: Earth and Environmental Science, 2021, 809(1):012018.

[80] 钱继锋,朱晓宁,谢霞."岸桥—集卡—堆场"双向作业协同模型[J].交通运输系统工程与信息, 2014,14(2):138-143.

[81] 边展,靳志宏.不同装卸作业模式下的集卡指派问题[J].系统工程, 2015,33(12):55-65.

[82] 张芳芳,牛奔,李丽,等.基于堆场可存储位置动态变化的集卡调度智能优化[J].中国管理科学, 2016,24(A1):217-224.

[83] 马梦知,范厚明,计明军,等.集装箱码头送箱集卡预约与场桥调度协同优化[J].交通运输系统工程与信息, 2018,18(3):202-209.

[84] 添玉,王建彬,陈晶晶,等.自动化码头装卸混合模式下 QC、L-AGV 及 ARMG 协同调度方法[J].上海海事大学学报, 2018,39(3):14-21.

[85] 杨惠云,戚静雯,邵乾虔,等.集卡预约模式下集装箱码头可变闸口协同调度优化[J].中国航海, 2019,42(2):125-131.

[86] 常祎妹,朱晓宁,王力.集装箱码头集成调度研究综述[J].交通运输工程学报, 2019,19(1):136-146.

[87] 张笑菊,曾庆成,陈子根,等.基于同贝同步装卸的岸桥与集卡联合调度优化模型[J].上海交通大学学报, 2019,53(2):188-196.

[88] 杨雅洁,苌道方,余芳.考虑 AGV 避碰的自动化码头多资源协同调度

[J]. 计算机工程与应用, 2020,56(6):246-253.

[89] 梁承姬,陈登川. 自动化集装箱码头 AGV 配置与调度耦合问题研究[J]. 计算机工程与应用, 2020,56(14):216-225.

[90] TAN C M, HE J L. Integrated proactive and reactive strategies for sustainable berth allocation and quay crane assignment under uncertainty [J]. Annals of Operations Research, 2021. https://doi. org/10. 1007/s10479-020-03891-3.

[91] WANG T S, WANG X C, MENG Q. Joint berth allocation and quay crane assignment under different carbon taxation policies [J]. Transportation Research, Part B. Methodological, 2018,117:18-36.

[92] DUAN J G, LIU Y, ZHANG Q L, et al. Combined configuration of container terminal berth and quay crane considering carbon cost [J]. Mathematical Problems in Engineering: Theory, Methods and Applications, 2021(19):6043846. 1-6043846. 16.

[93] 尚晶,陶德馨. 集装箱码头集卡调度策略的仿真研究[J]. 武汉理工大学学报(交通科学与工程版), 2006,30(5):827-830.

[94] 计明军,靳志宏. 集装箱码头集卡与岸桥协调调度优化[J]. 复旦学报(自然科学版), 2007,46(4):476-480,488.

[95] 曾庆成,杨忠振. 集装箱码头集卡调度模型与 Q 学习算法[J]. 哈尔滨工程大学学报, 2008,29(1): 1-5.

[96] CAO J X, SHI Q X, LEE D H. Integrated quay crane and yard truck schedule problem in container terminals [J]. Tsinghua Science and Technology, 2010, 15(4): 467-474.

[97] 乐美龙,于航,张少凯. 装卸同步工艺下的集卡配置仿真研究[J]. 江苏科技大学学报 (自然科学版), 2013,27(6):596-601.

[98] 王军,陆永祥,王美蓉,等. 基于"作业面"模式下集卡配置的仿真研究[J]. 武汉理工大学学报(交通科学与工程版), 2014,38(1):69-73.

[99] 徐远琴,韩晓龙. 集卡与岸桥及场桥联合调度模型优化[J]. 重庆交通大学学报(自然科学版), 2013,32(2):318-320.

[100] 韩晓龙,张少凯,于航. 基于仿真的集装箱港口装卸工艺对比研究[J]. 系统仿真学报, 2014,26(5):1170-1175.

[101] 蔡芸,刘朋青,熊禾根. 基于量子遗传混合算法的泊位联合调度[J]. 计

算机应用, 2020,40(3):897-901.

[102] 焦小刚,郑斐峰,徐寅峰,等.考虑泊位疏浚的连续型泊位和动态岸桥联合调度[J].运筹与管理, 2020,29(2):47-57.

[103] 楚金华,李俊鹤,王春娟,等.排放控制区下集装箱班轮航线路径规划与航速调度集成决策[J].交通运输系统工程与信息, 2021,21(4):230-238,262.

[104] 王丹,李丹阳,赵利昕,等.考虑多种污染气体排放的集装箱码头泊位-岸桥-集卡集成调度优化[J].工业工程与管理, 2023,28(1):131-143.

[105] 韩斐斐,刘升.基于自适应t分布变异的缎蓝园丁鸟优化算法[J].微电子学与计算机, 2018,35(8):117-121.

[106] 鲁晓艺,刘升,韩斐斐,等.基于自适应权重的缎蓝园丁鸟优化算法[J].智能计算机与应用, 2018,8(6):94-100.

[107] 王依柔,张达敏,樊英.非均匀变异的互利自适应缎蓝园丁鸟优化算法[J].计算机工程与科学, 2020,42(12):2233-2241.

[108] 李宁,高鹰,翁金塔,等.融合粒子群的缎蓝园丁鸟优化算法及应用[J].现代计算机, 2021,27(34):12-20.

[109] 曹灿,高鹰,李宁,等.基于混合策略的缎蓝园丁鸟优化算法[J].现代计算机, 2021,27(29):1-9.

[110] 孙振营,张文.基于缎蓝园丁鸟算法优化的多阈值遥感图像分割[J].国外电子测量技术, 2022,41(2):33-39.

[111] 朱玥,李广儒,李爽.集装箱码头泊位智能调度系统设计[J].港口科技, 2019(11):38-42.

[112] 陈锋,戴越,钱永兴.集装箱码头中转箱、查验箱、转栈箱作业智能系统[J].集装箱化, 2018,29(10):13-14.

[113] 黄鸿启,黄海叡,贺华骏.集装箱码头全岸线智能船控决策系统[J].港口科技, 2023(5):10-17,43.

[114] 徐英贤,秦国峻,罗裕亮.自动化集装箱码头IGV无线通信系统双远端冗余方案的研究及应用[J].长江信息通信,2024,37(4):229-234.

[115] 王伟,王昕.基于大数据技术的集装箱码头生产运营分析平台[J].港口科技,2024(2):11-14,30.

[116] 杨远标,龙霆斐,秦国峻.自动化集装箱码头双活数据中心方案研究及应用[J].信息技术与信息化,2024(1):106-113.

[117] 户佐安,孙燕,耿成.考虑海铁联运的集装箱码头泊位分配优化[J].重庆交通大学学报(自然科学版),2024,43(1):46-51,66.

[118] 中国港口杂志社.2024年2月份全国主要港口集装箱码头吞吐量统计[J].中国港口,2024(3):40-41.

[119] 艾刘言.碳税政策下集装箱码头主从博弈时定价决策研究[J].物流工程与管理,2023,45(11):161-166.

[120] 杨文斌.自动化集装箱码头U型堆场门禁系统设计[J].自动化应用,2024,65(6):40-42.

[121] 郑煜龙.集装箱码头新型智能集卡调度系统研发与应用[J].集装箱化,2024,35(3):19-23.

[122] 陈辉.妈湾港集装箱自动化码头装卸工艺研究[J].珠江水运,2024(3):13-16.

[123] 王炳森,张建芳,孔维维,等.基于移动互联网思维的集装箱码头智能无人闸口解决方案研究及应用[J].价值工程,2024,43(3):125-127.

[124] 柴佳祺.自动化集装箱码头配载寻箱凑贝问题研究[J].起重运输机械,2023(24):60-68.

[125] 孙迎.基于传统码头自动化堆场改造多种堆码模式兼容性的优化设计[J].港口科技,2023(12):11-14.

[126] 李琛浩.自动化集装箱码头技术创新与应用[J].集装箱化,2023,34(9):12-15.

[127] 佚名.宁波舟山港提升海铁联运效能 打造双循环战略枢纽[J].交通企业管理,2023,38(5):29.

[128] 苏俐珊,孙景龙.智慧物流在港口环节的应用场景和成效分析[J].港工技术,2023,60(4):8-11.

[129] 徐迪.上海港与新加坡港集装箱业务发展认识[J].集装箱化,2023,34(7):7-9.

[130] 宋阳,姜桂艳.考虑直接转运的泊位与岸桥集成调度优化[J].物流技术,2023,42(7):48-52.

[131] 李华,吴强,张栋栋,等.港口集装箱码头集卡优化调度研究[J].物流科技,2023,46(14):101-104.

[132] 王志刚,胡伟新.考虑AGV路径冲突的自动化集装箱码头装卸设备的协同调度[J].工业工程与管理,2023,28(6):80-92.

[133] 冯小欧,杨瑾,袁培燕.港口集装箱码头泊位与岸桥的多阶段协作调度仿真研究[J].实验室研究与探索,2023,42(6):84-89,111.
[134] 代永该,庞利宝,黄麟富.考虑能耗的集装箱码头泊位与岸边集装箱起重机联合调度研究[J].港口装卸,2023(3):33-38.
[135] 王子欣,苗世洪,郭舒毓,等.基于复杂系统理论的电力通信耦合网络模型构建及节点重要度评估方法[J].高电压技术,2022,48(1):84-94.
[136] 周逵,汤璇.涌现的创新:基于复杂适应性系统理论的短视频视听语言演化与反思[J].南京社会科学,2021(10):108-117.
[137] 李娜,朱晨光.复杂适应系统理论视角的老旧小区改造系统适应性研究[J].中国建设信息化,2021(16):66-68.
[138] 陈志端,仇保兴,陈鸿.韧性城市系统韧健水平提升与强健模型研究:基于复杂适应系统理论(CAS)[J].城市发展研究,2021,28(8):1-9.
[139] 杨尚剑.我国运动员退役安置系统特征、演化及调控机制:基于复杂适应系统理论[J].北京体育大学学报,2021,44(4):69-81.
[140] 门志国,刘盼盼,王兴梅.困境与路径:基于协同论的人工智能领域创新创业教育研究[J].黑龙江高教研究,2022,40(1):139-144.
[141] 刘辉,杨卓君,朱建春.职业教育东西协作扶贫常态化的问题与策略研究:基于协同论的视角[J].教育探索,2021(12):25-29.
[142] 李涛.基于协同论的城市绿地系统布局调适:以上海市为例[J].中国园林,2021,37(10):66-70.
[143] 鲍培文.基于动态规划的指派问题网络方法及其应用[J].怀化学院学报,2020,39(5):30-33.
[144] 刘淑惠,肖长来,梁秀娟.基于线性、非线性规划的双辽市水文地质参数计算方法[J].水电能源科学,2020,38(4):72-75.
[145] 郝铮,李晓良,赵培,等.基于机器学习的骨干网路由参数模型构建方法[J].移动通信,2018,42(5):55-60.
[146] 任冬炎.基于人工智能技术的船舶最优停靠点推荐研究[J].舰船科学技术,2023,45(4):155-158.
[147] 吴洪明,邹梦艳.考虑电池电量约束的自动化码头 AGV 调度[J].起重运输机械,2021(3):47-52.
[148] 徐皖东,刘桂云,王慈云,等.基于复合成本的集装箱码头泊位-岸桥联合调度优化方法[J].宁波大学学报(理工版),2019,32(6):87-91.

[149] 宋云婷,王诺.基于时间不确定的集装箱码头靠泊计划优化[J].交通运输系统工程与信息, 2020,20(4):224-230.

[150] SONG Y T, WANG N. On probability distributions of the operational law of container liner ships[J]. Journal of the Royal Statistical Society: Series A (Statistics in Society), 2019,182(3): 943-961.

[151] 秦圻,周兆欣,鹿洪霞,等.考虑碳排放成本的水铁联运集卡路径优化[J].中国水运, 2021(10):109-111.

[152] PRENCIPE L P, MARINELLI M. A novel mathematical formulation for solving the dynamic and discrete berth allocation problem by using the Bee Colony Optimisation algorithm[J]. Applied Intelligence: The International Journal of Artificial Intelligence, Neural Networks, and Complex Problem-Solving Technologies, 2021,51(7): 4127-4142.

[153] DUAN B R, CAO Q, AFSHAR N. Optimal parameter identification for the proton exchange membrane fuel cell using Satin Bowerbird optimizer[J]. International Journal of Energy Research, 2019, 43(14): 8623-8632.

[154] CARDOSO W B, AVELAR A T, BAZEIA D. Effects of chaotic perturbations on a nonlinear system undergoing two-soliton collisions[J]. Nonlinear Dynamics, 2021,106(4): 3469-3477.

[155] SAMER E, WALID E S, HOSSAM E D H, et al. Cancelable electrocardiogram biometric system based on chaotic encryption using three-dimensional logistic map for biometric-based cloud services[J]. Security and Privacy, 2022, 5(2),1-20.

[156] PALACIDS-LUENGAS L, MARCELÍN-JIÉNEZ R, RODRIGVEZ COLINA E,et al. Function composition from sine function and skew tent map and its application to pseudorandom number generators[J]. Applied Sciences, 2021, 11(13), 5769.

[157] DONG Y, GUO H M. Adaptive chaos particle swarm optimization based on colony fitness variance[J]. Application Research of Computers, 2011, 28(3),854-856.

[158] FUKAGATA K. Towards quantum computing of turbulence[J]. Nature Computational Science, 2022, 2(2): 68-69.

[159] DONG L C, YANG Y, SUN S Y. QCs scheduling scheme of genetic

algorithm (GA) and improved firefly algorithm (FA) [J]. Cluster Computing, 2019, 22 (2): 4331-4348.

[160] ZHEN L, YU S C, WANG S A, et al. Scheduling quay cranes and yard trucks for unloading operations in container ports[J]. Annals of Operations Research, 2019, 273(1-2): 455-478.

[161] KUMAR A, DAS S, ZELINKA I. A self-adaptive spherical search algorithm for real-world constrained optimization problems [C]// GECCO'20:Proceedings of the 2020 Genetic and Evolutionary Computation Conference Companion, 2020,13-14.

[162] GURROLA-RAMOS J, HERNANDEZ-AGUIRRE A, DALMAU-CEDENO O. COLSHADE for real-world single-objective constrained optimization problems [C]//IEEE Congress on Evolutionary Computation (CEC), 2020, 1-8.

[163] KUMAR A, DAS S, ZELINKA I. A modified covariance matrix adaptation evolution strategy for real-world constrained optimization problems[C]// GECCO'20:Proceedings of the 2020 Genetic and Evolutionary Computation Conference, 2020, 11-12.

[164] HEIDARI A A, MIRJALILI S, FARIS H, et al. Harris hawks optimization: Algorithm and applications[J]. Future Generation Computer Systems, 2019,97(0), 849-872.